MULTIPLICANDO
BEM-ESTAR

SERGIO BUAIZ

MULTIPLICANDO BEM-ESTAR

Como desenvolver sua própria distribuição de base domiciliar, ilimitada e milionária

3ª Edição

Multiplicando Bem-Estar - 3ª. Edição

Dados Internacionais de Catalogação na Publicação (CIP)
(Câmara Brasileira do Livro, SP, Brasil)

Buaiz, Sergio
Multiplicando bem-estar : como desenvolver sua própria distribuição de base domiciliar, ilimitada e milionária / Sergio Buaiz. -- 3. ed. -- São Paulo, SP : Instituto Life Coaching, 2022.

ISBN 978-65-992712-4-3

1. Empreendedorismo 2. Sucesso nos negócios 3. Vendas - Administração I. Título.

22-132456 CDD-650.1

Índices para catálogo sistemático:

1. Sucesso nos negócios : Empreendedores : Administração 650.1

Eliete Marques da Silva - Bibliotecária - CRB-8/9380

ISBN: 978-65-992712-4-3

9 786599 271243

INSTITUTO LIFE COACHING

www.institutolifecoaching.com.br

loja.institutolifecoaching.com.br

@ilccoaching

Este livro foi criado por:

Sergio Buiaz
Autor
@sergiobuaiz

Mario Henrique Meireles
Editor Chefe
@mariohmeireles

Diego Sisnandes
Capista
@sisnandesdesign

Allan De Mari
Diagramador
@allandemari

Hellen Mendes
Coordenadora
@hellen.mendes

Mayumi Tadokoro
Revisora
@maya_tadokoro

Dedico este livro a Marina e Daniel,
pelo sentido que trouxeram à minha vida.

Tudo o que faço é para ficarmos
mais tempo juntos!

AGRADECIMENTOS

Sou grato a Deus pela família maravilhosa que tenho, pelas pessoas que cruzaram o meu caminho e me ensinaram tudo o que sei.

Muito obrigado pelas oportunidades que surgiram e pelas escolhas que fiz para chegar até aqui, com saúde, amor, prosperidade e felicidade.

Gostaria de agradecer também a:

Jim Rohn, Napoleon Hill, Dale Carnegie, Zig Ziglar, John Milton Fogg, John Kalench, Randy Gage, John Maxwell e Tony Robbins, por serem os autores que me formaram como empreendedor e líder.

Carl Rhenborg, Richard DeVos, Jay Van Andel, Mark Hughes, Mary Kay Ash, Blake Roney, Sandie Tillotson e Rex Maughan, por desbravarem esse mercado, Multiplicando Bem-Estar pelo mundo.

Mario Agnese, Ariosto André, João Paulo Affonseca, Flávia Freire, Arthur Roberto Szczupak, Phillipe Hoory, Daniel Hoory, Evelyn Levy, Monique Levy e Terry McEwen, minha eterna linha ascendente. Vocês despertaram esse sonho em mim.

Todos os ascendentes, descendentes e líderes do mercado que me inspiraram no campo, compartilhando suas experiências em cada conversa, evento, viagem, nos auditórios dos hotéis, restaurantes, aeroportos, centros de convenção, resorts, navios, entre outros.

Todos os leitores, alunos e clientes com quem tive a honra de contribuir, por meio de artigos, livros, treinamentos e consultorias.

Meu amigo, parceiro e editor Mario Meirelles, por me convencer a relançar esta obra em um momento tão importante de nossas vidas.

Você que está aqui de coração aberto para aprender, se desenvolver e realizar seu propósito de valor, Multiplicando Bem-Estar.

MUITO **OBRIGADO**

POR **EXISTIREM**

SUMÁRIO

04 Qualificado: Seja exemplo para a equipe!

05 Top: Inspire novos líderes!

PREFÁCIO

Quando comecei minha carreira no Marketing de Rede, em 2003, eu não tinha nenhuma referência ou experiência a respeito desse modelo de negócios.

Naquela época, não tínhamos YouTube, Wikipédia, cursos online e nem redes sociais.

Encontrar especialistas, mentores e professores em um determinado tema era, definitivamente, um desafio. O mundo era offline. Aprendia-se muito na tentativa e erro e, com isso, gastava-se tempo e energia.

Em meio ao caos, havia um homem fazendo a diferença: Sérgio! Ele era criador e mantenedor do único portal – sim a internet 1.0 era feita de portais e alguns blogs iniciantes – a respeito do tema Marketing de Rede.

O ChanceNetwork, o portal criado pelo Sérgio, foi, para mim e para toda aquela geração, um farol e um direcionador a respeito do que acontecia no mundo e no Brasil sobre Marketing de Rede.

Eram tempos árduos para se contatar pessoas, muitas vezes, usávamos telefones públicos, os "orelhões", ou telefones fixos. Agenda era sempre no papel. Celulares eram caros e as ligações ainda mais mais. Não havia smartphones e notebooks eram artigo de luxo. Apresentávamos com quadros brancos, pastas plastificadas e muita criatividade.

Imagine-se sem Whatsapp e sem redes sociais. Pois é nesse cenário em que vivíamos. Um cenário de conhecimento muito escasso, acesso limitado e preconceitos gigantescos – ainda maiores do que os que enfrentamos atualmente.

Sérgio era um verdadeiro farol nesse cenário sombrio.

Tendo dedicado a vida ao tema, tornou-se um ícone conhecido na indústria toda e é – ainda hoje - uma das pessoas que mais entende sobre Marketing de Rede no Brasil e no mundo

Por isso minha alegria hoje. Uma alegria semelhante à do dia em que ele lançou o livro Multiplicando Bem-Estar. Lembro-me bem da época!

Nunca tínhamos visto nada igual!

Eu, que na época era Diamante em uma empresa americana, imediatamente comprei um lote de livros e promovi uma palestra do Sérgio para o meu time!

O evento estava abarrotado. Esgotaram os ingressos e, no auditório do pequeno café, transbordavam pessoas para fora.

Aquilo elevou a qualidade do nosso trabalho para um outro patamar.

Nós precisávamos daquilo! Não apenas meu time, como todo o mercado!

Imaginem só, UM LIVRO SOBRE O QUE FAZÍAMOS! Foi mágico. Multiplicando Bem-Estar deu-nos credibilidade, dignidade e a sensação de que realmente estávamos construindo uma carreira em uma profissão nobre! Foi transformador para mim.

Até hoje, no Brasil, não temos muitos livros sobre o tema e este do Sérgio será sempre uma referência inalcançável.

Hoje, quase 2 décadas depois de seu lançamento, Multiplicando Bem-Estar continua atual e, sobretudo, necessário.

Temos, no país, toda uma nova geração de profissionais trabalhando com Marketing de Rede. Uma geração mais leve, mais educada, conectada e muito mais preparada para colocá-lo no lugar onde merece dentro do mundo dos negócios. Uma geração que fará o Marketing de Rede ser respeitado da mesma forma como é em outros países de primeiro mundo.

E Multiplicando Bem-Estar é exatamente assim: LEVE.

Leve como conteúdo.

Leve como filosofia.

Leve como leitura!

E é com o objetivo de compartilhar a paixão e o entusiasmo pela nossa profissão (e por livros de desenvolvimento pessoal) que decidimos trazer esta nova edição do Multiplicando Bem-Estar.

Pessoalmente, é um duplo prazer!

Primeiro, o prazer por compartilhar conhecimento de qualidade. Segundo, por ter aquele que um dia foi um mentor para mim como um parceiro de caminhada!

Desejo de coração que este entusiasmo te contagie e te fortaleça na sua jornada de multiplicar o bem-estar

Uma excelente leitura.

Mario Henrique Meireles

Nota do Autor à 3ª Edição

Quando escrevi este livro em agosto de 2005, eu estava inspirado pelo nascimento da minha primeira filha Marina e vivia um dos períodos mais prósperos e felizes, Multiplicando Bem-Estar.

O mercado brasileiro tinha finalmente descoberto o poder das distribuições de base domiciliar, com dezenas de empresas fornecedoras batendo recordes de crescimento, de forma consistente. A Venda Direta de produtos para nutrição, higiene pessoal, cosméticos, perfumaria e aparelhos terapêuticos tinha virado uma febre, com eventos lotando os auditórios dos hotéis e centros de convenções por todo o País.

Como editor do portal Chance Network, eu me relacionava com os principais executivos e líderes dessas empresas, liderando o movimento de conscientização e profissionalização do setor.

Em poucos meses, "Multiplicando Bem-Estar" se tornou referência para a formação de Distribuidores e eu tive o prazer de treinar presencialmente cerca de 150 mil pessoas, em dezenas de cidades.

Nos anos seguintes, atuei como consultor corporativo de estratégia e liderança em muitas empresas, até que uma onda de oportunismo varreu o mercado entre 2013 e 2014, criando confusões e prejuízos[1]. De uma hora para a outra, companhias sérias e com itens de valor reconhecido foram colocadas na mesma categoria de esquemas piramidais e insustentáveis.

Apesar dos desafios que prejudicaram os bons negócios da época, aquilo acabou servindo para separar o joio do trigo.

Além de esclarecermos os diferenciais dos negócios honestos e sustentáveis, o mercado brasileiro amadureceu muito, com ferramentas e controles que passaram a garantir mais segurança[2].

A decisão de relançar esta obra quase vinte anos depois é uma prova de que os princípios do Empreendedorismo, da Venda Direta, do Marketing de Relacionamento e da Liderança são eternos.

A filosofia de sucesso que nos formou no início das nossas carreiras é a mesma que sustenta qualquer atividade com propósito de valor.

Sim, algumas revisões foram necessárias nesta edição, sobretudo em questões ligadas à tecnologia, que mudaram a forma como nos relacionamos e facilitaram nossas atividades diárias.

Hoje, temos uma oportunidade de negócios muito mais flexível e lucrativa. Podemos desenvolver distribuições de base domiciliar, ilimitadas e milionárias virtualmente, sem a necessidade de assumir riscos com grandes estoques de produtos e os desafios logísticos do passado.

Quase toda empresa de Venda Direta e Marketing de Relacionamento que fornece produtos para as nossas distribuições opera com soluções de *dropshipping* para entregar diretamente aos clientes finais, de modo que a atividade de "revenda física" tem sido substituída pela indicação de links e acompanhamento da compra online.

Cheguei até a pensar em substituir "Distribuidor" por "Consultor" ou "Empreendedor", que são termos utilizados com mais frequência por essas empresas, porém ainda acredito que é importante destacar a visão empresarial de quem movimenta milhões em produtos e serviços.

Mesmo não atuando fisicamente na logística, é fundamental se ver como responsável por uma distribuição ilimitada e milionária para entender o alcance extraordinário desta oportunidade.

Mais que carregar peso de um lado para o outro, o que fazemos hoje é distribuir informações e recursos por meio da nossa rede de relacionamentos, educando os nossos clientes e parceiros de negócios.

Neste sentido, é importante destacar o alcance e a agilidade que ganhamos com as ferramentas de Marketing Digital associadas.

Sinceramente, não vejo outra forma mais poderosa de ajudar pessoas comuns a transformarem suas vidas em um prazo médio de cinco anos.

Se você está chegando agora e ainda não entende muito bem como essas peças se encaixam, sugiro que abra o seu coração e permita-se aproveitar ao máximo essa leitura.

Caso tenha alguma experiência, mas sente-se girando em círculos, aceite o nosso convite para renovar seus sonhos e metas, com uma perspectiva mais consciente e sustentável.

Seja qual for o seu objetivo, que você construa um futuro próspero e feliz, Multiplicando Bem-Estar com entusiasmo!

Sergio Buaiz

www.sergiobuaiz.com.br

INTRODUÇÃO

Bem-estar é sentir-se bem, feliz e confiante. Equilibrar saúde física, mental e espiritual. Viver em sua plenitude!

Quantas pessoas você conhece que têm um bem-estar duradouro? Pouquíssimas provavelmente. Embora todos queiram, as condições em que vivemos não favorecem a isso.

Hoje, a maioria das pessoas encontra-se em um estado quase permanente de estresse, ansiedade, angústia, medo, baixa autoestima, solidão, cansaço, desânimo, nervosismo, carência e depressão. Isso acontece por vários motivos, mas principalmente pela falta de um estilo de vida mais saudável. Estamos debilitados física e emocionalmente, em função de desafios cada vez maiores, que só nos roubam tempo e energia.

Trabalhamos demais, nos alimentamos mal, dormimos pouco e não fazemos exercícios. Quase não sobra tempo para a família e os amigos. Lazer então, nem pensar. Poluição, competitividade, violência, desemprego e dívidas completam o cenário.

Será que essa é a única maneira de viver? Precisamos nos sacrificar tanto, por tão pouco retorno? O que ganhamos em troca, além de doenças de todo tipo? Devemos nos contentar com um bem-estar eventual, nos raros momentos em que nos libertamos dessa rotina? De jeito algum!

Com um pouco de planejamento e atitude empreendedora, podemos transformar a realidade em que vivemos. Basta a coragem de pensar diferente.

Este livro apresenta o caminho que escolhi para mim e que tem proporcionado uma considerável melhoria na qualidade de vida de milhões de pessoas em todo o mundo. Isto porque faz do bem-estar mais que um objetivo, faz dele um meio de se desenvolver.

É simples assim: considerando que "bem-estar" é o que existe de mais raro e valorizado atualmente, por que não ganhar dinheiro com isso? Por que não promover bem-estar para tantas pessoas que precisam e, desta maneira, fazer você melhorar de vida?

Muitas empresas oferecem produtos e serviços relacionados ao bem-estar. São alimentos, cosméticos, perfumes, óleos essenciais, suplementos, aparelhos terapêuticos, livros, cursos e uma infinidade de outros itens que proporcionam sentimentos bons e alívio temporário para os clientes. Isso é ótimo, mas não soluciona o problema. Bem-estar passageiro é só uma forma de isolar a dor.

Contudo, quando associamos a distribuição de produtos e serviços que promovem algum bem-estar para as pessoas, a um sistema inteligente de negócios capaz de ensiná-las a equilibrarem suas vidas, temos uma fórmula explosiva. Oferecemos uma oportunidade real de mudança e um projeto de bem-estar duradouro.

Não se trata de milagre, e sim de planejamento. Nada acontece com um estalar dos dedos. É preciso colocar a vida em ordem, passo a passo. Primeiro, reconhecendo e desejando o benefício da mudança. Segundo, libertando-se de hábitos ruins. E Terceiro, canalizando a energia para algo que traz melhor retorno. A consequência disso é um realinhamento de prioridades, colocando a saúde e a felicidade da família em primeiro lugar.

Quando você desenvolve sua própria distribuição de base domiciliar, ilimitada e milionária, constrói uma fonte de renda generosa, ao mesmo tempo em que se torna independente.

Você deixa de ter a vida controlada pelos outros e decide quando, onde e com quem trabalhar. Além disso, pode reduzir sua carga horária, dedicando mais tempo à realização pessoal, ao lazer e à família. Nem é preciso dizer o quanto isso melhora a sua saúde física, mental, emocional e espiritual, não é mesmo?

A sensação de ser livre, conquistando um bem-estar duradouro para você e sua família é indescritível. Porém, a certeza de poder levar esse mesmo benefício para outras pessoas é algo que não tem preço.

Mais do que dinheiro, tempo e segurança, você conquista respeito e admiração. A oportunidade de tocar positivamente a vida alheia é maravilhosa e nos aproxima de Deus.

Talvez você ache isso estranho ou "bom demais para ser verdade", mas eu recomendo que pesquise. Leia com atenção este livro e converse com as pessoas envolvidas. Você perceberá que não existe outro sistema capaz de multiplicar bem-estar e que não há nada mais gratificante do que ajudar as pessoas a encontrarem este equilíbrio.

Por meio da sua própria distribuição de base domiciliar, ilimitada e milionária, o seu bem-estar será proporcional aos benefícios que levar adiante. Quanto mais pessoas você ajudar a terem saúde, autoestima, tempo com a família e tranquilidade, maiores serão as recompensas. Sem limite!

Este livro alterna informações técnicas e mensagens inspiradoras. Foi escrito assim de propósito, para tratar o assunto com profundidade e leveza, ensinando você a crescer como líder.

Começa com uma conversa sobre a sua vida, passa pela decisão de fazer algo diferente e atravessa as três fases do negócio, como Distribuidor, Qualificado e Top. Portanto, seja qual for o seu grau de conhecimento, encontrará dicas preciosas.

Se você já está no meio do caminho, perceberá o que precisa fazer para avançar mais um degrau sem perder o foco. O mesmo acontecerá com a sua equipe, que irá crescer como nunca, Multiplicando Bem-Estar, e estará preparada para enfrentar cada desafio, aumentando a produtividade, o comprometimento, a retenção e a formação de lideranças. Em suma, é uma ferramenta indispensável para qualquer empreendedor independente.

Para os candidatos, não haverá mais dúvida. Multiplicando Bem-Estar, tomarão uma decisão consciente, poupando o seu tempo e energia. Você poderá apresentar o negócio para qualquer pessoa, desde a mais simples até a mais esclarecida e exigente.

Se eu fosse você, usaria este recurso para elevar o nível dos contatos. Afinal, mesmo entre os profissionais bem-sucedidos que conhecemos, poucos encontraram esse equilíbrio.

"

Multiplicando Bem-Estar,
você aprenderá a dar mais
valor à vida e crescerá
como ser humano.
Então, poderá ajudar
muitas pessoas, conquistar
a liberdade financeira e
realizar muitos sonhos.

"

PARTE 1

O QUE VOCÊ VAI
FAZER POR VOCÊ?

Sucesso nunca foi uma questão de sorte, até porque dinheiro é apenas um dos ingredientes. De nada adianta acumular muitos bens, comprometendo a saúde, a família e o espírito.

Sua vida em cinco anos

Cinco anos passam depressa, mas é tempo suficiente para qualquer pessoa mudar de vida.

Será que a sua vida pessoal e profissional vem evoluindo de forma satisfatória? A sua situação familiar e financeira melhorou ou piorou nos últimos cinco anos? Manteve-se estável? Você viajou para os lugares que gostaria? Concluiu um curso? Realizou algum sonho? Teve mais tempo de qualidade para fazer as coisas de que gosta, cuidar da saúde e ser mais feliz? Ou parece que algo fez sua vida estacionar?

Nem tudo pode ser planejado nos mínimos detalhes, ou com tanta antecedência, mas as linhas gerais precisam estar definidas. Devemos ter objetivos e determinação suficiente para alcançá-los, ou nada garante que os nossos próximos cinco anos serão vividos satisfatoriamente.

Reclamar ou mudar?

Sinceramente, o que você tem feito hoje pelo seu futuro?

Você é daquelas pessoas que só reclama dos políticos, dos bancos, do cunhado e do cachorro do vizinho, ou prefere fazer algo de útil para enfrentar os desafios do mundo com mais desenvoltura?

Você "deixa a vida te levar", absorvendo passivamente as ideias e produtos vendidos pela mídia, ou assume o comando desse trem desgovernado que é a vida?

Quer saber? Se não fizer nada pelo seu bem-estar, ninguém irá fazê-lo. Essa é uma verdade que aprendi.

> Nós estamos sempre em movimento. A diferença é saber quem escreve a própria história e quem "vai levando com a barriga do jeito que dá". A felicidade é um projeto de vida.

Se você já tem um caminho definido e encontra-se em franca evolução, talvez este livro abra-lhe mais uma possibilidade (muito interessante) de investimento. Caberá a você decidir até que ponto será possível conciliar uma distribuição de base domiciliar com seus projetos atuais. Por outro lado, se você está disponível, sem saber o que fazer para encontrar a felicidade — ou vive um bom momento agora, mas tem receio quanto ao futuro —, leia este livro com a máxima atenção. Talvez ele lhe ofereça uma oportunidade além das suas melhores expectativas, uma nova forma de viver

Autonomia, realização e significado

Quantas pessoas você conhece que gostariam de dobrar seus rendimentos? Quantas teriam uma significativa mudança em seu padrão de vida, se pudessem trabalhar por conta própria em uma atividade complementar? Essas pessoas ainda estão aprisionadas no velho paradigma do emprego seguro e compensador. Uma realidade tão distante quanto seus pensamentos atônitos, diante de um mundo mais competitivo.

O que você pode fazer por elas? De que modo pode ajudá-las a compreender melhor o nosso tempo? Imagine se fosse possível ensiná-las a pensar diferente, resgatando velhos sonhos e ideais, desenvolvendo outras habilidades, empreendendo seus projetos com maior autonomia, realização e significado? Imagine a satisfação, daqui a alguns anos, em perceber o quanto sua vida tem sido útil para as outras pessoas? Mais do que possível, isso está ao seu alcance agora!

> Cinco anos passam de qualquer jeito. Querendo ou não, estaremos mais velhos, relembrando histórias de uma vida que ainda não foi escrita.

Podemos traçar uma linha reta em direção aos nossos sonhos, poupando tempo e energia, ou podemos continuar girando em círculos, sem saber o que fazer. É uma questão de escolha pessoal.

Oportunidade acessível

O que falaremos nas próximas páginas não é uma fantasia. Não se trata de dinheiro fácil e rápido, como muitos gostariam de acreditar. É, sim, uma oportunidade acessível a qualquer pessoa, de desenvolver um negócio de base domiciliar, flexível e abrangente. Porém, a qualidade do que se faz é determinante para os resultados.

Como em qualquer outra coisa na vida, o seu êxito vai depender muito de dedicação, comprometimento e persistência.

Ser bem-sucedido é um estado de excelência. É fazer bem o que se propõe a fazer. É filtrar as bobagens que os leigos dizem e dar ouvidos aos especialistas que podem ensinar algo de útil.

> Sucesso nunca foi uma questão de sorte, até porque dinheiro é apenas um dos ingredientes. De nada adianta acumular muitos bens, comprometendo a saúde, a família e o espírito.

Até que ponto você quer mudar de vida? Não acreditar é uma ótima fuga para aqueles que têm medo de assumir o controle. Afinal, é sempre mais cômodo culpar os outros pelas nossas frustrações.

Sucesso é bem-estar, equilíbrio e liberdade.

Não adie mais seus planos

Faça algo diferente! Acredite que existe um potencial inexplorado dentro de você e que mesmo as experiências passadas mais dolorosas valem como lição.

Hoje, você é mais forte e tem todas as condições de avançar mais um degrau. Os desafios tornam-se menores quando somos inteiros, empenhados e decididos a superá-los.

A diferença fundamental deste negócio é que não estamos mais sozinhos.

> Existe um grupo de pessoas engajadas em te ensinar o caminho, Multiplicando Bem-Estar. Elas querem o seu sucesso tanto quanto o delas, pois serão recompensadas pela sua realização.

Aproveite ao máximo esse apoio e espelhe-se naqueles que têm os resultados que você procura.

Você **PODE** ser + Feliz!

Liberdade financeira

Algumas pessoas não gostam de falar em dinheiro porque desenvolveram a crença de que dinheiro é ruim, que afasta as pessoas e gera ganância, enfim, tratam o dinheiro como um mal necessário.

Não há nada de errado com o dinheiro em si, mas sim no uso que se pode fazer dele. Enquanto o dinheiro está no bolso, é "só alegria", porém, quando o dinheiro sobe à cabeça e vira uma obsessão, cria-se um problema atrás do outro.

O dinheiro é apenas um meio. Você deve ter dinheiro para obter segurança e conforto para a sua família, e contribuir de alguma forma com o Universo. Até para promover o bem-estar dos outros, dinheiro é necessário.

Queira ter muito dinheiro para ajudar mais pessoas.

Contribuição e recompensa

O que importa são seus valores. Dinheiro é bom quando equilibra contribuição com recompensa. Se você ganha muito e contribui muito, ótimo, mas se ganha pouco e contribui com nada, a vida não é completa.

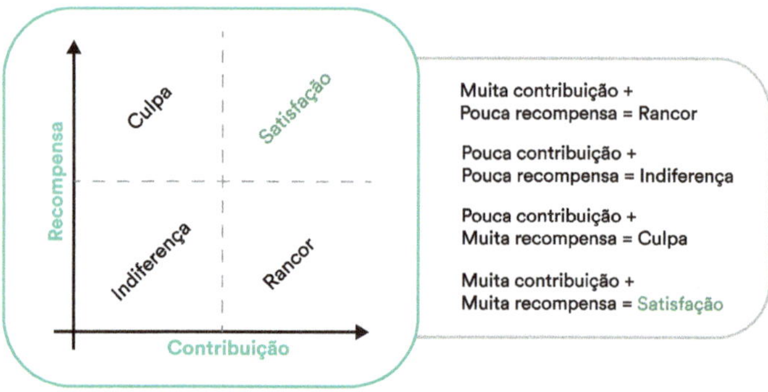

Em qual situação você se encontra, atualmente? Será que tem recebido e contribuído com o Universo como gostaria ou precisaria ganhar mais?

Trabalhe quando quiser

Se você parar de trabalhar hoje, por quanto tempo a sua família conseguirá se manter? Você é independente financeiramente? Dedica o melhor do seu tempo à sua realização pessoal e profissional, ou apenas cumpre funções com as quais não se identifica, por questão de sobrevivência? Poderia ser mais feliz se não dependesse tanto do dinheiro?

Ser independente financeiramente é "não fazer nada que não queira por dinheiro e não deixar de fazer nada que queira por falta de dinheiro". É ter dinheiro, tempo e segurança para dedicar a vida ao que te faz feliz!

Pensando nessas questões, verá que seus amigos e parentes desperdiçam a maior parte do tempo em atividades corriqueiras que não geram satisfação. Não são recompensados e nem contribuem com o Universo como gostariam. Portanto, a independência financeira é uma necessidade latente para elas também. Essa é a única forma de conquistarem um bem-estar duradouro.

Seu tempo vale mais

Ser independente financeiramente não significa apenas viver bem ou parar de trabalhar, e sim ter mais tempo e dinheiro disponível para realizar algo de valor, tanto para você quanto para a comunidade em que vive.

Enquanto trocamos tempo por dinheiro, desperdiçamos boa parte da energia em atividades que não valem a pena.

Imagine como a vida seria melhor, se você não precisasse mais trabalhar para pagar as contas. Você poderia investir mais tempo na realização pessoal e profissional, dando maior significado à sua existência. Além de fazer o que gosta, poderia ajudar muitas pessoas a serem mais felizes.

Você tem renda residual?

Como conquistar a independência financeira? Existem vários caminhos, mas alguns são melhores e mais acessíveis do que outros. De um modo geral, é preciso ter bons investimentos (ativos) capazes de proporcionar renda residual (um dinheiro que você recebe todo mês, de forma automática, sem ter que trabalhar mais).

Renda residual é uma recompensa que recebemos, pelo resto da vida, por um trabalho ou investimento muito bem feito apenas uma vez.

Isso nos liberta da chamada "corrida dos ratos", em que trocamos tempo por dinheiro até cansar.

Pare de tirar leite de pedra

Nos livros de autoajuda financeira, você pode aprender como poupar e investir parte dos seus ganhos em ativos (normalmente ações e imóveis), visando uma renda residual futura. Uma espécie de aposentadoria que você vai ter, independentemente de qualquer milagre que o governo possa fazer em relação à previdência. Apesar de muito úteis, esses ensinamentos projetam a sua tranquilidade para daqui a 20, 40 ou 60 anos. Resumindo, são planos que ensinam a "tirar leite de pedra" a vida inteira, à base de muitos sacrifícios e privações.

Saber poupar e investir é fundamental, mas se você for capaz de aumentar seus ganhos de maneira inteligente, pode encurtar esse período e alcançar a independência financeira em tempo de aproveitá-la de fato.

Sim, no lugar de trabalhar 40 anos, você pode conseguir os mesmos resultados em 5 ou 10 anos. Basta usar a cabeça e agarrar as oportunidades que estão hoje ao seu alcance.

Você pode ser livre

Se você quer conquistar a independência financeira o quanto antes, este livro apresenta um caminho acessível. Trata-se de uma forma efetiva de construir renda residual e receber pelo resto da vida, por um excelente trabalho feito apenas uma vez. É isso mesmo! A proposta deste livro é te ensinar a desenvolver sua distribuição de base domiciliar, ilimitada e milionária apenas uma vez!

Se você for capaz de cumprir as etapas previstas neste livro com determinação, alcançará a tão sonhada independência financeira, que eu prefiro chamar de liberdade.

Você não precisará mais trabalhar para os outros nem correr atrás do dinheiro, e a sua vida poderá ser dedicada ao que desejar.

O prazo médio estimado para tornar-se um Top dentro deste negócio é de cinco anos, mas pode levar mais ou menos tempo, dependendo das suas características pessoais e do mercado de atuação. A vantagem é que, por meio deste livro, você poderá verificar em qual etapa encontra-se, ajustando os planos e metas ao longo do caminho, de maneira consciente.

Muitas pessoas já conseguiram e você também pode ser livre!

Você tem um Plano B?

É provável que você tenha um Plano A, que pode ser um emprego, um negócio próprio ou qualquer outra atividade produtiva para financiar a sua subsistência.

O Plano A ocupa a maior parte do seu tempo e é recompensado com o dinheiro que você precisa para pagar as contas, se divertir e, se possível, fazer um bom pé-de-meia. Entretanto, por melhor que seja o seu Plano A, é um risco depender apenas dele.

Hoje, em um mercado cada vez mais competitivo, muitos profissionais já perceberam a necessidade de desenvolverem outras fontes de renda em paralelo. Além de significar ganhos extras, um Plano B também representa segurança. Afinal, no caso de uma crise afetar o seu Plano A, você não fica sem recursos.

É horrível depender do Plano A

Quantas pessoas têm medo de buscar um Plano A melhor porque não têm um Plano B que lhes dê segurança?

Quantos aceitam salários reduzidos, péssimas condições de trabalho e, o que é mais grave, comprometem seus valores morais e éticos porque não querem correr o risco de perder a única fonte de renda que têm?

Lembra-se do amigo que vive estressado, sempre culpando os outros por tudo, reclamando da vida nas redes sociais, que continua naquele emprego ruim, com um chefe sem caráter e fazendo coisas das quais não se orgulha, porque precisa do dinheiro para sobreviver?

Como é possível obter um bem-estar duradouro aceitando essas condições? Infelizmente, acontece, mas cada um tem o poder de se livrar de situações como essas, por meio de um bom Plano B.

Faça algo que te dê prazer

O Plano B não precisa ser outro emprego. Aliás, é melhor que não seja. Se puder ser desenvolvido em casal, melhor ainda.

O Plano B deve ser algo mais leve e prazeroso, pois você terá que comprometer parte do seu tempo livre para desenvolvê-lo.

É possível fazer artesanato, doces em calda, pintura, marcenaria, animação de festa infantil, costura, serviços de digitação e informática, aulas particulares, enfim, há uma infinidade de opções para complementar o seu orçamento, sem que você precise abandonar o Plano A.

Se você tem uma formação diferenciada, pode dar aulas em uma faculdade, escrever livros ou ministrar treinamentos. Se tem dinheiro guardado, pode investir em ações, imóveis e sociedades. O que importa é ter um Plano B capaz de aumentar seus rendimentos e diminuir a dependência em relação ao Plano A.

Use o presente para construir o futuro

Você pode encarar o Plano B como algo passageiro e eventual, e os resultados serão irregulares. Porém, se escolher um bom Plano B e o desenvolver com disciplina, ao longo do tempo, os resultados podem superar suas expectativas. Tudo é uma questão de identificar os melhores negócios, planejar a atividade extra e usar o presente para construir o futuro.

> Se você busca a liberdade financeira e um bem-estar duradouro, é fundamental escolher um Plano B que tenha potencial de expansão. De preferência, algo que não dependa tanto do seu próprio tempo para crescer.

Tenha um Plano B que ofereça renda residual e que, uma vez estabelecido, continue se desenvolvendo sem a sua participação direta. Lembre-se de que renda residual é o segredo das riquezas.

Enquanto trocamos tempo e saúde por dinheiro, não conquistamos a liberdade financeira. Afinal, há um limite físico que não podemos vencer. Por isso, as pessoas que são livres financeiramente não têm os rendimentos vinculados ao tempo que trabalham. Muito pelo contrário! Na maioria dos casos, param de trabalhar e continuam ganhando cada vez mais. São remuneradas por um bom trabalho ou investimento que fizeram no passado, e que continua se desenvolvendo sem a sua participação direta.

Tenha o melhor Plano B

Talvez você já tenha um Plano B, mas se ele não é capaz de te proporcionar renda residual, comece a pensar diferente. Mude! Pare de trocar tempo e saúde por dinheiro porque isso pode te faltar um dia. Use a cabeça para construir um futuro mais seguro, investindo o seu tempo livre em uma atividade complementar lucrativa e que não dependa tanto de você.

Neste livro, sugerimos que você desenvolva sua própria distribuição de base domiciliar, ilimitada e milionária como Plano B, porque é uma forma efetiva de construir renda residual, Multiplicando Bem-Estar. Além disso, como é um negócio que envolve relações sociais, é muito prazeroso, podendo ser desenvolvido em conjunto com familiares e amigos.

Você não precisa abandonar o emprego ou a atividade principal para começar. Basta dedicar algumas horas semanais a sua distribuição para que ela comece a se desenvolver.

Então, com o passar dos meses, se continuar trabalhando com disciplina e em uma base consistente, perceberá os resultados. Seus ganhos, talvez irrisórios no início, aumentarão progressivamente. Um dia, é provável que este Plano B passe a lhe render mais do que o Plano A e que você queira se dedicar mais à sua distribuição. Enfim, somos livres para decidir como e quando desenvolver este negócio.

A Era das Redes: o indivíduo conectado ao mundo

Na década de 1980, quando o norte-americano John Naisbitt lançou o seu clássico "Megatendências"[3] e anunciou a substituição da estrutura piramidal das hierarquias por outra mais dinâmica e flexível, o assunto ainda era novidade. No entanto, algumas décadas depois, não se fala em outra coisa no mundo: as redes tomaram conta.

Hoje, estamos interligados em uma dimensão muito maior do que a prevista. A Internet causou uma revolução inimaginável.

Qualquer criança pode se comunicar com pessoas do outro lado do planeta, em tempo real e sem custo. Grande parte da população mundial está em contato permanente, trocando ideias, produtos e serviços.

Não é difícil imaginar como isso impacta no comportamento humano e na economia. É a globalização "goela abaixo", sem escolha.

É empreender ou morrer

Como isso afeta o mercado de trabalho e a sua vida? Estamos vendo na mídia o aumento do desemprego e redução de salários de um lado, explosão de pequenos negócios de base domiciliar do outro.

Quem perde o emprego ou quer viver melhor, vira empreendedor. Mesmo os profissionais que ainda conseguem sobreviver dentro das empresas têm que adotar uma mentalidade diferente e gerir suas carreiras como se fossem produtos. Caso contrário, tornam-se obsoletos e são passados para trás.

A realidade é dura, mas não adianta remar contra a maré, insistindo em viver como no passado. É preciso assumir de vez essa condição de interdependência e conectividade.

Querendo ou não, você está ligado a esse mundo organizado em forma de rede. O seu valor é medido pela capacidade de navegar por essas relações e se fazer útil.

Não é uma questão de saber ou gostar de se comunicar. Mais do que nunca, é preciso participar dessa aldeia global como protagonista e ocupar o seu espaço.

Quem não se comunica...

Hoje, quem não usa a Internet para se relacionar e fazer negócios caminha a passos largos rumo ao abismo social e econômico.

Até nas comunidades mais carentes, a Internet já é uma realidade.

Qualquer equipamento de trabalho tem um computador embutido. Nossos meios de pagamento, nosso histórico, nossas memórias, tudo é digital e arquivado na "nuvem".

Conheço pessoas que são muito estudiosas e capazes na profissão que escolheram, mas não conseguem se relacionar com ninguém. Vivem dentro de uma caverna em que só cabe o imenso potencial desconhecido. São os chamados ermitões do novo tempo. Essas pessoas até conseguem se manter empregadas, mas recebem um salário muito inferior ao que valem, pois não sabem trabalhar em equipe, se comunicar e se vender.

Para quem insiste em sobreviver no isolamento, só existe uma saída: mudar completamente. Por mais difícil que possa parecer, talvez seja a última chance de provar seu valor nesse mundo interativo.

Caso você ainda não faça negócios usando a Internet, sugiro que busque informações a respeito, leia, faça cursos e peça ajuda às pessoas que são melhores do que você nestas competências: comunicação, tecnologia, marketing, vendas, relações humanas, liderança e trabalho em equipe.

Dê o primeiro passo!

Ocupe um lugar de destaque

Se você já compreendeu a importância disso e quer aproveitar melhor as oportunidades que surgem a cada dia, a pergunta fundamental é: como você interage com essa rede social global? De forma passiva ou ativa? Faz valer suas ideias ou só absorve o que lhe é imposto? Projeta o futuro ou deixa que os outros decidam por você?

Em 2001, escrevi um artigo intitulado "Saia da sombra"[4], que tratava dessa questão do protagonismo e das novas oportunidades viabilizadas pela tecnologia, em especial da Internet. Selecionei alguns trechos que continuam atuais e ilustram bem a Era em que vivemos:

"(...) Nunca a comunicação entre as pessoas foi tão barata, ágil e eficiente. Nunca foi possível propagar a mesma mensagem aos quatro ventos, sem o popular efeito do telefone sem fio. (...) Essa possibilidade nos dá poder. Um poder de mobilização que jamais esteve em nossas mãos. (...) Durante milênios de existência, a raça humana evoluiu sua comunicação, mas jamais alcançara tal grau de perfeição, propagação e acessibilidade. Pela primeira vez, em toda a nossa história, cada ser humano é um potencial emissor de suas ideias, com total liberdade e recursos. (...) O poder da palavra foi elevado à máxima potência. A palavra, que sempre foi um agente transformador, ganhou, enfim, a liberdade de ir e vir. E você, mero receptor até aqui, é convidado a participar, como nunca antes, dessa transformação total. Mas sua formação não foi essa. O mundo que te ensinaram era um mundo dividido: de um lado a banda dos formadores de opinião; do outro a banda dos leitores, telespectadores e ouvintes, passivos, consumidores de ideias, sem direito à resposta e opinião. (...) Estou aqui para dizer que isso mudou, definitivamente. Você tem voz! Você precisa aprender a usá-la o quanto antes, para o seu benefício e, sobretudo, para o benefício da humanidade! Acabaram as desculpas para a acomodação e a aceitação passiva de tudo o que nos cerca. (...)"

O que você faz diante disso? Eu não tenho a menor ideia, mas recomendo que reflita melhor sobre a posição que deseja ocupar neste mundo digital e, ao mesmo tempo, humano.

Estamos diante da oportunidade histórica mais concreta e acessível de fazer a diferença.

Você está no centro

Até quando você vai deixar que os outros te influenciem passivamente? Fazendo parte da imensa rede em que o mundo se transformou, você pode devolver na mesma moeda.

Imagine que você é um "nó" dentro dessa rede invisível de relações humanas que nos une. Tudo o que faz reflete nas pessoas que estão mais próximas e, dependendo da força dos seus movimentos, repercute e influencia através delas (por exemplo, pelas redes sociais).

Que tal começar a exercer este seu poder de modo mais consciente, contribuindo com algo útil para a sociedade? Além de controlar melhor suas emoções e obter satisfação pessoal, você também pode inspirar muita gente a fazer o mesmo.

A forma como reagimos aos acontecimentos é influenciada pelas nossas crenças, e isso também acaba afetando as pessoas que nos cercam.

Nós escolhemos entre sermos otimistas ou pessimistas, entusiasmados ou apáticos, solidários ou egoístas. Temos que escolher se queremos nos render ao desânimo ou se desejamos ver o mundo de outro jeito.

A crise e as oportunidades são iguais para todo mundo. A diferença está na forma como encaramos os desafios!

Qual é a sua energia?

Você está no centro da sua existência. É protagonista da própria história e pode reescrevê-la quando quiser. Mesmo que não seja possível reverter os acontecimentos passados, você pode mudar o significado que eles têm na sua vida.

Em vez de chorar "pelo leite derramado", pense na experiência que acumulou e como isso pode te ajudar a partir de agora.

A vida é uma sucessão de erros e acertos e a felicidade é a nossa interpretação.

O mais interessante é o efeito que causamos nas pessoas que nos cercam. Quando estamos tristes e deixamos o nível de energia baixar, os outros percebem. Mais do que isso, a maioria acaba influenciada também e logo a vida fica cinza. Por outro lado, quando estamos alegres e radiantes, somos capazes de animar os outros, ajudando-os a recuperarem suas forças e cores. Nós sempre temos o poder de influenciar.

O que você quer para a sua vida? Será que você tem sido como o Sol, emitindo raios de otimismo, alegria e valores elevados? Ou tem sido um buraco negro, roubando a energia dos outros?

Agora, pense nas pessoas que você admira e como se comportam. Como elas encaram as adversidades? Só reclamam da vida ou atravessam as piores tempestades com um sorriso no rosto?

Sucesso é uma questão de atitude.

Fuja dos negativos

Talvez você possa dizer que era assim, antes dos problemas X, Y e Z, mas não é verdade. Mágoas e frustrações todo mundo tem. Qualquer realização na vida exige sacrifícios e você não é a única pessoa que sofreu alguma perda. Portanto, recuperar a energia e dar a volta por cima só depende de você (e das pessoas que escolhe para conviver com maior frequência). Peça ajuda se precisar, mas não se entregue jamais.

Assim como você consegue influenciar os outros, o mesmo acontece no sentido oposto.

As pessoas do seu círculo social têm o poder de mexer com seus sentimentos, seja por meio do que dizem, fazem ou simplesmente por existirem.

Tome muito cuidado com as ideias que compra. Se aquele "profeta do apocalipse" estiver por perto, fuja enquanto é tempo. Risque a palavra "desgraça" do seu vocabulário!

É curioso notar como as nossas emoções podem variar dependendo da companhia. Comece a prestar mais atenção nisso e verá o quanto é importante escolher bem os seus amigos e parceiros de negócios.

Se não puder se livrar daquele primo infeliz, da madrasta "peçonhenta" ou do vizinho "mala-sem-alça", pelo menos diminua ao máximo a chance de encontrá-los. Mude os horários, invente um novo caminho, mas não fique muito tempo ao lado deles, porque baixo astral pega fácil, fácil.

Alimente-se de forma saudável

Cuidar do emocional é o primeiro passo para obter um bem-estar duradouro e cercar-se de pessoas prósperas é o melhor caminho, pois sucesso também pega!

Entretanto, ninguém tem mais poder de influenciar as suas emoções do que você mesmo. O que você pensa é determinante na maioria das vezes. Por isso, é fundamental alimentar o corpo e o espírito de forma saudável. Cultive hábitos melhores, durma bem e evite se estressar com bobagens. Leia pensamentos positivos e não julgue os outros. Concentre o foco em ser uma pessoa melhor porque o resto será apenas consequência.

Quanto melhor você for, maior será o poder de influenciar as pessoas que o cercam a serem melhores também, e melhor será o ambiente em que vive, Multiplicando Bem-Estar.

Quando dizem que o universo conspira a seu favor, é porque você também conspira a favor dele.

Você está no centro. **Nunca se esqueça disso!**

Assumindo o controle

Como você pode notar, muita coisa está acontecendo à nossa volta. O mundo está se transformando cada vez mais rápido e nós temos que nos adaptar a essa realidade desafiadora. Mais do que uma escolha, é uma questão de sobrevivência.

Você já está no barco, no meio do oceano. As ondas são cada vez mais fortes e você tem apenas duas alternativas: 1) Esperar por uma providência divina; ou 2) Remar em busca de um local mais seguro. O que fazer? Só depende de você.

Ter uma distribuição de base domiciliar é apenas uma das opções disponíveis. Ao longo desse livro, tentarei mostrar por A + B como isso funciona, para que tome uma decisão consciente. Porém, mesmo que você não queira desenvolver sua própria distribuição de base domiciliar, ilimitada e milionária, ficarei satisfeito se decidir por qualquer outro caminho válido. A única coisa que vai me frustrar é descobrir que você preferiu continuar à deriva, comprometendo o bem-estar da sua família.

Você já está no meio do oceano

Assumir o controle não é fácil. Deixamos de pensar que somos vítimas do sistema e que os outros são culpados pelos nossos erros. Passamos a acreditar que somos iguais e que temos acesso a todos os meios de que necessitamos para evoluir.

> Se não somos responsáveis por tudo de bom ou ruim que acontece em nossas vidas, pelo menos decidimos como reagir.

É natural sentir medo nessa hora. Afinal, assumir o controle de um barco à deriva, no meio do oceano, não é uma tarefa simples. Considerando que a previsão meteorológica não tem sido muito animadora, então, dá um frio na espinha. Porém, não adianta passar o tempo contando as estrelas no céu em alto-mar. Você continua no barco e as ondas ameaçam a sua sobrevivência. Remando ou não, você está correndo riscos!

Se definir uma direção e remar em alta velocidade, talvez encontre terra firme. Pode ser uma pequena ilha para descanso ou um continente. Ninguém garante que irá conseguir, mas as chances existem. Muitos estão conseguindo. Por outro lado, se continuar praticamente imóvel, sem buscar uma saída, sinto dizer: cedo ou tarde, as ondas vão te engolir.

É uma questão de probabilidade.

Escolha uma direção e comece a remar

Assuma o controle da sua vida, pois você é responsável pela sua própria felicidade.

Observe o que acontece ao redor e identifique as oportunidades disponíveis. Acredite naquela que parecer mais consistente e arrisque. Certeza de que dará certo, você nunca terá.

Se errar na primeira, seja bem-vindo ao clube (errar faz parte do aprendizado). Se acertar, parabéns, mas não se iluda (nem todas as batalhas serão vencidas). Você ganha experiência com o tempo, aprendendo a hora certa de avançar ou recuar.

Descanse, realinhe o foco e continue firme no seu propósito.

Aprendendo na prática

Iniciar sua própria distribuição de base domiciliar é uma excelente alternativa e por uma série de motivos que veremos ao longo dos próximos capítulos. O melhor deles, porém, é a oportunidade fantástica de aprendizado que este negócio proporciona.

Não existe, em nenhum outro lugar, uma escola tão poderosa e acessível a qualquer pessoa, capaz de ensinar as questões relacionadas a empreendedorismo, liderança, vendas, comunicação, oratória, finanças, relacionamentos, marketing e demais competências que estão em voga no mundo dos negócios. Isso porque, muito além da teoria que se estuda nos livros, você associa com a prática.

Com investimentos irrisórios, você terá o apoio personalizado de distribuidores experientes e interessados no seu desenvolvimento pessoal. Essas pessoas vão lhe oferecer energia e conteúdo suficientes para promover uma grande transformação.

Mesmo que você descubra, no meio do caminho, que prefere fazer outra coisa da vida, terá valido a pena. Você terá acumulado recursos e experiência para evoluir profissionalmente. É o que muitas pessoas descobriram fazendo este negócio.

Você pode ser muito mais e melhor

Assumir o controle é uma decisão individual, instantânea e irrevogável. Uma vez tomada, tem implicações para o resto da vida.

Entretanto, de nada adianta dar o primeiro passo e fraquejar depois. É preciso agir de forma consistente para que as mudanças aconteçam. Os desafios serão grandes e você terá que avançar sobre eles com coragem e determinação. Caso contrário, além de perder tempo, perderá o seu impulso original. Qualquer hesitação comprometerá este projeto.

A maioria das pessoas nunca teve uma oportunidade de mostrar o quanto vale. Muitas sequer identificam o enorme potencial guardado em seu interior. Elas seguem as regras que lhes foram impostas pela cultura e educação, limitando-se a fazer o que os outros dizem que é possível.

Livrar-se dessas amarras é uma sensação indescritível e que causa um profundo bem-estar.

Você pode experimentar o mesmo mundo por um novo ângulo e ajudar outras pessoas a fazerem o mesmo. Pode se descobrir fazendo algo que jamais sonhou e que talvez seja a sua missão na Terra. Você pode ser muito mais e melhor.

A pessoa que te indicou este livro acredita nisso. Eu também acredito. Só falta você!

Vendendo o seu "peixe"

Se você ainda torce o nariz quando ouve falar em vendas, é preciso quebrar esse paradigma. Afinal, a arte de negociar é a base do sucesso.

Mesmo que não goste muito da ideia, vender faz parte do dia a dia de qualquer profissional bem-sucedido. Não estou falando apenas da atividade de comercializar um item, mas da negociação como instrumento de marketing pessoal.

Sua imagem e a forma como os outros te percebem são negociadas por você.

Pense nos melhores médicos, engenheiros, músicos, jogadores de futebol, artistas, advogados e jornalistas que conhece. Os primeiros de que você lembra podem não ser os melhores tecnicamente, mas são grandes vendedores. Eles souberam construir uma imagem sólida para suas carreiras e isso fez a diferença.

Dentro de uma empresa, quem são os funcionários promovidos? Os mais capazes? Nem sempre. Entre um funcionário muito competente, com dificuldades de relacionamento, e outro não tão eficaz, que sabe vender bem o "peixe" dentro da equipe, pode ter certeza que o segundo tem mais chances de crescer.

Comprar é vender

Quando você vai comprar um carro, um abacaxi na feira ou uma viagem a passeio, as habilidades em vendas também são testadas. Por incrível que pareça, mesmo quando você é o comprador, tem que saber vender o seu dinheiro pelo melhor serviço ou sairá perdendo em qualquer negociação.

Amizade, namoro e casamento também são vendas. Afinal, a outra parte quer conhecer os "benefícios do produto" antes de "comprar", e cabe a você apresentá-los da melhor forma possível. Todo processo de conquista envolve alguma venda.

Sempre que se comunica com outras pessoas, você está sujeito a uma negociação. Convence quando vende bem suas ideias e é convencido quando a outra parte negocia melhor.

Isso significa que nem todas as decisões foram tomadas por você. Em muitos casos, ao longo da vida, você tomou decisões de acordo com os interesses de outras pessoas porque não soube vender o que pensava a respeito. É assim que a vida funciona!

Qual é o seu valor de mercado?

Se você nunca parou para pensar nisso, talvez seja a hora de vencer o preconceito e desenvolver sua habilidade em vendas. Saber se comunicar melhor, negociar melhor e ser mais convincente pode representar um salto de qualidade em sua vida.

Por favor, não estamos falando da venda enganosa. Mentira não se sustenta e não gera satisfação do cliente, fidelização etc. Estamos falando em apresentar melhor os benefícios que você já tem, sendo confiável. Vender o que tem valor.

Será que as outras pessoas enxergam suas virtudes como deveriam? Ou elas não percebem isso tão claramente? O seu esforço é recompensado na medida certa? Ou é avaliado de maneira injusta?

> Você negocia bem o seu tempo e dinheiro?
> Ou é sempre passado para trás?

Por que o outro candidato foi contratado para aquela vaga no seu lugar? Por que aquela menina preferiu sair com outro rapaz nos tempos da escola? Por que o vizinho está ganhando mais dinheiro do que você? Simplesmente, eles souberam vender melhor o próprio "peixe".

Vendedor: profissional admirável

Muita gente ainda trata os vendedores com desdém, porque só percebe como vendedoras aquelas pessoas insistentes, interesseiras e sem qualquer discernimento, que tentam empurrar produtos inúteis "goela abaixo" dos outros.

A figura do vendedor sempre foi associada a esse comportamento amador e inconveniente, mas os verdadeiros profissionais de vendas são admirados e respeitados, pois eles prestam um serviço útil e atendem bem seus clientes, entregando muito mais do que prometem.

Quem é a pessoa mais simpática que você conhece? A pessoa mais inteligente? O seu melhor amigo? São todos ótimos vendedores. Eles souberam lhe vender suas melhores qualidades.

Não existe negócio sem vendas

Voltando ao mundo dos negócios, tudo é movido por alguma venda. Ou você vende ou contrata pessoas para venderem para você. Nos dois casos, as suas habilidades como negociante são testadas. Mesmo que não "coloque a mão na massa", você terá que vender a sua proposta para atrair os melhores parceiros.

Quando começamos a enxergar a atividade de vendas sem preconceito, percebemos o quanto ela é útil e determinante em nossas vidas.

Se você quer alcançar melhores resultados, precisa aprender a vender. O seu "passe" fica mais caro quando as pessoas querem te "comprar".

Não adianta ser muito capaz em alguma coisa, se não souber tornar isso perceptível pelos outros, se não vender bem o seu "peixe". O seu reconhecimento também depende disso.

Seja qual for o caminho escolhido por você, será preciso vender. Não existe negócio sem vendas. Qualquer pessoa bem-sucedida sabe vender o "peixe" e, neste caminho que estamos propondo, a venda também é necessária.

Você não precisa ser o melhor vendedor do mundo para ter sucesso nem dedicar tanto tempo a essa atividade. Basta exercitar a habilidade de negociação e construir uma equipe capaz de vender com você.

Do que você é capaz?

Você decidiu mudar de vida e quer iniciar um negócio próprio, mas o que está ao seu alcance? Quanto pode investir em tempo e dinheiro, nos próximos anos, para construir sua liberdade financeira?

Em qualquer ramo e mercado, é possível encontrar uma infinidade de oportunidades disponíveis. É sempre mais fácil começar com algum tipo de franquia, empreendimentos que já deram resultado para alguém e que agora são duplicados, seguindo o mesmo padrão de sucesso comprovado.

Oportunidades existem em todo lugar. O que você deve considerar é que tipo de negócio pode desenvolver para não criar falsas expectativas.

Um empreendedor consciente deve se fazer essas perguntas para conhecer seus limites:

- Tenho quanto dinheiro guardado para investir?
- Posso me dedicar integralmente a esse novo negócio?
- Em quanto tempo pretendo recuperar o valor investido?
- Vou precisar de quanto capital de giro?
- Como vou me manter durante os primeiros anos?
- Quantas pessoas terei que contratar? Em qual regime?
- Meus familiares vão trabalhar comigo? Ganhando quanto?
- E se ocorrer algum imprevisto?
- Qual é o tamanho do risco que posso correr?
- Terei que recorrer a empréstimos? A que taxa?
- Quem será o meu sócio? Ele é confiável?
- Como será o nosso acordo jurídico?
- Que conhecimento específico terei que buscar?
- Sou realmente capaz de administrar este negócio?

Outras questões poderiam ser consideradas, mas o importante é perceber que não é tão simples quanto parece. Negócios tradicionais são mais complexos do que se imagina.

Quanto risco!

Diante desse quadro assustador, a maioria das pessoas recua. É um reflexo natural, pois o instinto de sobrevivência fala mais alto, em especial, para aqueles que já têm uma carreira estabilizada, como funcionários, servidores públicos ou mesmo profissionais liberais, todos acostumados a trocarem tempo e saúde por dinheiro.

Essas pessoas prezam pela segurança e temem o "arriscado" mundo dos negócios. Criam essa barreira mental porque não querem perder o bem-estar momentâneo com o qual estão acostumadas. Elas cresceram com um determinado padrão de vida e se adequaram por comodismo. Isso inibe o seu potencial empreendedor.

Porém, como vimos antes, muitas pessoas já estão se dando conta de que a suposta "segurança" e tranquilidade em que vivem são passageiras. Em alguma fase da vida, vão encarar uma triste realidade: terão se tornado mais caros do que valem no mercado e serão substituídas, guardadas as raríssimas exceções.

O que fazer pelo futuro?

Para garantirem uma fonte de renda complementar, muitas pessoas têm procurado investir em ações e imóveis, por isso os livros de autoajuda financeira estão entre os mais vendidos. Todos querem encontrar uma fórmula capaz de garantir a sustentabilidade futura, mas isso também tem um limite.

É preciso ter algum dinheiro disponível para investir de modo consistente e seguro. E a maioria dos autores nos ensina a gastar menos e reservar uma parte dos nossos recursos para aplicações de médio e longo prazos. Essa é a lógica padrão e está corretíssima.

> Ser disciplinado com o dinheiro é fundamental, porém se você puder aumentar sua base de investimentos, a chance será maior.

É para esse grupo de pessoas que não têm inclinação para abrir uma empresa que a distribuição de base domiciliar tem se mostrado uma excelente oportunidade. Trata-se de um passo além das franquias, pois oferece as vantagens de um sistema padronizado, com sucesso comprovado e suporte profissional, sem as complicações dos negócios tradicionais.

Muito melhor que franquia

É uma espécie de franquia pessoal que reduz os riscos e não exige exclusividade. Por ser virtual e automatizada, esta distribuição pode ser conduzida em paralelo, até o momento em que o empreendedor se sentir seguro e entusiasmado para concentrar esforços nessa direção. É um negócio flexível, simples, agradável e que envolve a família naturalmente.

O capital necessário para abrir sua distribuição é mínimo. As empresas que disponibilizam este tipo de oportunidade podem oferecer opções, materiais diferenciados e benefícios complementares para quem deseja assumir uma parceria mais efetiva, porém não é nada que não se possa conquistar com dedicação ao longo do tempo.

Você pode começar do modo mais simples e investir à medida que seu retorno e sua confiança aumentarem.

Para os empreendedores mais experientes, que já estão acostumados a assumir riscos, vale a pena estudar as opções disponíveis e tratar a distribuição de base domiciliar como um grande negócio desde o princípio. Isso acelera o desenvolvimento e pode trazer ganhos adicionais.

Unindo o útil ao agradável

Seja qual for o seu perfil, construa uma base sólida para o futuro. Queira ganhar mais. Não há nada de errado em conquistar uma vida mais confortável para a sua família. Existe um potencial inexplorado em você!

Não estou sugerindo que abra mão da sua realização pessoal e profissional nem que passe o tempo todo trabalhando longe da família. A ideia é unir o útil ao agradável.

Mesmo que a carreira tradicional seja recompensadora, pense em desenvolver um negócio próprio de base domiciliar, em paralelo, que possa te proporcionar maior segurança e liberdade daqui a alguns anos.

Ocupe suas horas de folga com uma atividade divertida, que seja igualmente rentável e estimulante.

Não há nada de errado em navegar pelas redes sociais, jogar videogame, assistir TV, passear e curtir a vida, desde que você não se esqueça do valor que tem o seu tempo. Não deixe que ele evapore sem aproveitá-lo. E jamais se arrependa do que deixou de fazer.

Distribuição de base domiciliar

Imagine desenvolver uma distribuição milionária de produtos ou serviços, sem ter que abrir firma, montar escritório e contratar funcionários. Um sistema que você pode gerenciar a partir de casa (ou de qualquer outro lugar), utilizando a Internet. Este negócio pode se expandir para outras cidades, estados e até mesmo países, sem que você precise ficar longe da família o dia inteiro. Sim, isto possível e é real!

Muitas pessoas já descobriram a maravilha de trabalhar por conta própria, determinando horários e, o que é mais importante, determinando a localização física do "escritório".

Isto representa uma considerável mudança no estilo de vida e, mais que uma tendência, já é uma realidade de mercado.

Onde você quer morar?

Hoje, com as tecnologias de que dispomos, nos libertamos da obrigação de morar nos grandes centros urbanos. Já não precisamos mais enfrentar o trânsito congestionado na hora do rush e podemos dedicar mais tempo de qualidade ao convívio familiar. É o que muitos Distribuidores já estão fazendo.

Quando falamos em "distribuição de base domiciliar", não significa "ficar em casa o dia inteiro", e sim que boa parte do trabalho pode ser feito a partir de casa.

Em vez de passar muitas horas por dia no escritório, você pode exercer essa atividade lucrativa com deslocamentos eventuais (e opcionais).

O mais interessante é que cada pessoa pode desenvolver a distribuição do seu jeito, sem exigências de horários e obrigações. Quem gosta do contato pessoal, participa de reuniões presenciais. Quem prefere interagir pela Internet, utiliza as redes sociais, conferências e webinários.

Podemos fazer contatos, vendas, indicações, patrocínios, acompanhamentos e gerenciar os negócios remotamente, sem sair de casa.

Tecnologia para viver melhor

Outra vantagem de se utilizar essas tecnologias é a possibilidade de expansão geográfica ilimitada, a um custo reduzidíssimo.

Para você ter uma ideia, hoje eu lidero uma organização com milhares de Distribuidores espalhados pelo mundo, inclusive em países em que eu jamais estive. Nossa distribuição movimenta milhões de dólares em produtos para saúde e bem-estar. Tudo construído por meio de vídeos, ferramentas e sistemas automáticos de marketing digital, conferências, e-mails e comunicadores instantâneos. Sem dúvida, é uma revolução.

Ainda não recomendo eliminar o contato presencial por completo, pois nem todos os clientes e parceiros em potencial estão à vontade com essas tecnologias para manterem uma relação 100% virtual. Contudo, há cada vez mais facilidade em desenvolver esse tipo de negócio online.

A melhor oportunidade continua sendo para quem mantém um equilíbrio entre o meio físico e virtual para, assim, atender bem a todos os públicos. O contato olho-no-olho, com aperto de mão, abraços e beijos, comes e bebes, integrações e muitas risadas, ainda traz ótimos resultados.

> Assim como não podemos ignorar os benefícios e as possibilidades que a tecnologia nos proporciona, também não é interessante deixar de atender à parcela da população que ainda sente dificuldade em estabelecer relações de confiança e amizade sem um contato mais próximo.

A maioria dos Tops que eu conheço atua nas duas frentes.

O mercado fantástico

Quando se fala em abrir um negócio próprio, é preciso escolher um mercado de atuação. O que será vendido? Onde? Para qual público-alvo? Será que existe demanda suficiente para esse item? Por quanto tempo? Qual o risco de saturação?

> Quanto maior e mais promissor for o mercado escolhido, mais rápida e natural será a expansão do seu negócio. Afinal, você estará vendendo algo que as pessoas já querem comprar.

O esforço para chamar a atenção e gerar interesse dos clientes será minimizado. Além disso, quanto mais simples e agradável for a argumentação de vendas, mais fácil será encontrar parceiros de negócios dispostos a trabalhar com você, bem como ensiná-los e liderá-los.

Por outro lado, também não é interessante vender produtos e serviços tão comuns, porque isso aumenta a concorrência e a pressão para nivelar os preços por baixo.

Considerando que a sua distribuição deve ser um negócio sustentável no longo prazo, é preciso oferecer algo que desperte interesse em qualquer pessoa, por muito tempo. Produtos e serviços que ofereçam um benefício permanente.

É bom enxergar o quadro completo e fugir dos modismos para que a recompensa futura seja duradoura.

Megatendências e oportunidades

Em fevereiro de 2002, o renomado economista e escritor americano Paul Zane Pilzer lançou nos Estados Unidos o livro "The Wellness Revolution: How to Make a Fortune in the Next Trillion Dollar Industry"[5] (A Revolução do Bem-Estar: Como Fazer uma Fortuna na Próxima Indústria de um Trilhão de Dólares), destacando esse mercado fantástico, conhecido como "A Indústria do Bem-Estar".

Baseado em estatísticas sobre a economia mundial, Paul Zane Pilzer observou que, a partir de 1946, a cada década, sempre aconteceu uma megatendência de mercado. Na década de 50, o foco estava na moradia, impulsionando a indústria imobiliária e a construção civil. Já nos anos 60, todos queriam um carro próprio e foi a vez da indústria automobilística crescer como nunca. Na década de 70, houve a febre dos eletrodomésticos e suas facilidades. Nos anos 80, a tônica foi o entretenimento, com destaque para a TV e o videocassete. E nos anos 90, o computador pessoal e a Internet atingiram o auge, originando uma indústria de US$ 1 trilhão.

Em cada um desses períodos, quem teve acesso à informação, acreditou e se posicionou, investindo tempo, conhecimentos e dinheiro, tornou-se milionário ou bilionário.

A Indústria do Bem-Estar

Desde a virada do século XXI, vivemos em uma época diferente, em que os bens de consumo e as informações estão disponíveis em muita quantidade. A maioria das pessoas já percebe que a evolução tecnológica das últimas décadas, apesar de promover melhorias consideráveis no que se refere a conforto e satisfação, comprometeu a nossa saúde.

O ritmo acelerado das grandes cidades, com a proliferação de *fast foods*, a poluição atmosférica, bem como o uso indiscriminado de pesticidas e a manipulação genética nas lavouras mudaram a qualidade da nossa alimentação, da água e até do ar que respiramos. Mais do que isso, nos trouxe uma vida sedentária e estressante, cuja consequência é o surgimento de mazelas físicas e emocionais que não existiam antes.

Por esses motivos, a Indústria do Bem-Estar cresceu (e continua crescendo) a olhos vistos. Todos querem recuperar o tempo perdido, alimentando-se de forma mais saudável, cuidando melhor da pele e do sono, praticando atividade física, controlando o peso, investindo em qualidade de vida, estética e lazer, com foco em aliviar o estresse, retardar o envelhecimento e prevenir doenças.

Queremos um estilo de vida mais saudável que nos permita viver mais e melhor.

Este é o assunto do momento. Basta assistir à TV, acessar qualquer portal de notícias ou entrar em uma banca de jornal e folhear algumas revistas, para perceber o tamanho e o potencial desse mercado. A busca por um estilo de vida mais saudável é uma realidade cada vez mais presente em nossas vidas e continuará assim por muito tempo.

É muito fácil vender

Ninguém precisa ser um expert em vendas para despertar interesse e convencer outras pessoas a investirem no bem-estar.

> É só falar sobre o assunto que as vendas acontecem. O cliente se apresenta e compra!

Seja qual for a empresa ou a linha de produtos oferecida, o que se vende é sempre o benefício da saúde e do bem-estar: "ficar mais bonito", "ter mais disposição", "aumentar o desempenho", "retardar o envelhecimento", "controlar o peso", "ser mais agradável", etc. Não há dúvida de que estes são os campeões de vendas no mundo. Por isso, seguir a megatendência apontada por Paul Zane Pilzer é diminuir as chances de errar. Qualquer mercado diferente representa riscos desnecessários.

É possível distribuir uma infinidade de produtos e serviços associados à Indústria do Bem-Estar, mas considerando as características da sua própria distribuição de base domiciliar, ilimitada e milionária, vale a pena observar outros limites.

Os melhores produtos/serviços

É recomendável que todos os itens do catálogo tenham um mínimo de valor agregado para que seja compensador vendê-los. Caso contrário, os custos de comunicação e treinamentos não serão absorvidos na operação.

Por outro lado, quanto mais caro for o item vendido, maior será a necessidade de argumentação técnica e credibilidade para a realização da venda, dificultando o patrocínio e o acompanhamento de outros Distribuidores da sua equipe. O meio termo costuma ser o caminho mais seguro.

Produtos e serviços que geram fidelização e recompra são os mais indicados, pois diminuem a necessidade de especialização de quem vende.

Com produtos consumíveis, basta indicar e construir bons relacionamentos. Em poucos meses, forma-se uma clientela fiel, que servirá como base para a sua distribuição se desenvolver. Assim, um tempo maior poderá ser dedicado a aprimorar e ensinar habilidades de liderança.

O mais importante, porém, é que você se identifique com a mensagem e com os produtos que distribui. Isso deve tocá-lo a ponto de eliminar qualquer sentimento de vergonha ou desconforto em falar sobre eles, porque é só dessa maneira que terá um sucesso duradouro.

Para que a sua distribuição cresça ao longo do tempo, é preciso crer no valor dos benefícios que representa e nutrir o sentimento sincero de ajudar os outros. Os itens comercializados devem ser excelentes (se possível, apaixonantes), de modo que você e a organização sintam um imenso orgulho em promovê-los para os clientes, Multiplicando Bem-Estar.

Quanto melhor for a qualidade dos produtos, maior será a sua capacidade de superar as objeções na hora de vender, indicar, patrocinar ou acompanhar outras pessoas.

"Ocupe suas horas
de folga com uma
atividade divertida,
que seja igualmente
rentável e estimulante."

PARTE 2

CANDIDATO: DECIDA CONSTRUIR ESTE NEGÓCIO!

Enxergar o caminho completo e saber interpretar o mapa pode te ajudar a aproveitar melhor o tempo, concentrando esforços. Isso evita que você caia em armadilhas ou escolha atalhos que, em vez de aproximar, te afastarão do seu objetivo.

Aonde você quer chegar

Até aqui, falamos sobre como a vida pode mudar em cinco anos, se você estiver disposto a fazer algo diferente. Refletimos sobre a importância de buscar a liberdade financeira e sugerimos um Plano B como alternativa para a sua atividade principal.

Comentamos sobre a Era das Redes e que você tem um poder de influenciar o que acontece à sua volta, desde que assuma o controle e comece a vender bem o seu "peixe". Verificamos, dentre os negócios disponíveis, a melhor opção ao seu alcance: desenvolver uma distribuição de base domiciliar, ilimitada e milionária, aproveitando esse mercado fantástico relacionado à Indústria do Bem-Estar.

E agora, com essa visão, o que você faz?

> O cenário é animador, mas nada acontecerá sem a sua força motriz. É você quem deve determinar o tamanho deste negócio, porque, na prática, não há limite.

Pense grande! Faça um planejamento consciente e vá em busca dos resultados. Outras pessoas estão conseguindo e você não é diferente. Basta acreditar e seguir os passos do sucesso.

Qual será o tamanho da sua distribuição? Este livro sugere que seja uma distribuição milionária por três motivos:

1) É possível;

2) Pode resultar na sua total liberdade;

3) Faz você adotar uma postura empreendedora desde o início.

Mas a decisão está em suas mãos. Se movimentar um milhão por mês em produtos parece um tanto distante agora, queira movimentar qualquer outro valor. O importante é definir uma meta que sirva como estímulo, acreditar nela e planejar seus próximos passos em função disso.

Por que é tão necessário visualizar o tamanho da sua distribuição? Porque isso vai determinar os resultados que almeja, o seu grau de empenho e profissionalismo. Se imaginar uma distribuição de "fundo de quintal", terá resultados e dedicação de um amador. Se imaginar uma distribuição ilimitada e milionária, terá um comprometimento maior e isso te levará muito mais longe.

Quanto você quer ganhar?

Considere que nenhum plano de marketing, por mais generoso que seja, pagará mais do que 5% do volume de negócios gerado para você como bônus. Portanto, se movimentar vinte mil, receberá no máximo mil por mês. Se movimentar cem mil, talvez receba em torno de cinco mil. Se movimentar mais de um milhão, poderá conquistar a sua liberdade financeira. É uma conta simples, mas que ajuda você a pensar como empreendedor.

Também é possível fazer a mesma conta ao contrário. Se o objetivo é ganhar X, multiplique por vinte e terá um volume de negócios aproximado para fixar como meta.

Uma vez que tenha definido o seu objetivo, elabore um plano de negócios. Em quanto tempo pretende alcançar esse volume? Um ano? Três anos? Cinco anos? Qual deve ser a taxa de crescimento mensal? 10%? 20%? 30%? Quantos Distribuidores ativos serão necessários em cada etapa? Considerando qual produtividade média mensal?

> Quando enxerga sua distribuição como um negócio de verdade, você consegue prever, interpretar progressos e manter seu entusiasmo ao longo do tempo. Além disso, sua credibilidade aumenta, porque você não vende ilusões, e sim um projeto com início, meio e fim.

Repare que esse raciocínio é muito diferente das promessas de enriquecimento rápido e fácil que ainda circulam por aí e faz muito mais sentido. Segue uma lógica que te permite envolver pessoas de melhor nível no negócio, em uma base consistente.

O caminho a percorrer

Seja qual for o tamanho da sua distribuição, o caminho que você terá que percorrer é o mesmo. Esse caminho foi traçado pelos fundadores da empresa fornecedora, que desejavam oferecer às pessoas uma oportunidade única para mudarem de vida.

Ele começa na Decisão, quando você assina o contrato de Distribuidor, e termina lá na Liberdade, quando você conquista um bem-estar duradouro.

Ninguém sabe o tempo que você levará para percorrer esse caminho nem se chegará até o fim dele, mas o mapa está à sua disposição no Manual de Negócios da sua companhia. Chama-se Plano de Compensação, Marketing, Vendas, Expansão ou similar.

Enxergar o caminho completo e saber interpretar o mapa pode te ajudar a aproveitar melhor o tempo, concentrando esforços. Isso evita que você caia em armadilhas ou escolha atalhos que, em vez de aproximar, te afastarão do seu objetivo.

Você terá que atravessar três estados: Ação, Liderança e Estratégia. A velocidade estará sob o seu controle, mas não há como chegar à Liberdade sem cruzar esses estados.

Ao longo deste percurso, existem alguns vilarejos também conhecidos como qualificações intermediárias. Eles servem para você fazer pequenas paradas, alimentar-se, descansar, revisar o mapa e seguir em frente.

Você não encontrará muito conforto longe das duas capitais, que beiram grandes rios e demarcam as fronteiras entre esses territórios. Se demorar demais para alcançá-las, pode morrer de sede e desistir. Por isso, não perca de vista cada qualificação e alcance a próxima capital o mais depressa que puder.

Boa viagem!

Para cumprir a primeira etapa da jornada, você terá que passar pelos vilarejos da Humildade e da Coragem. Supere a vergonha e os "negativos" para atravessar o Rio do Conhecimento. Cruzando a Ponte da Atitude, você chega a Exemplo, a bela capital do estado da Liderança. Local em que poderá ter uma boa noite de descanso e renovar as energias antes de seguir viagem.

O estado da Liderança é o mais longo e desafiador. Nele, você terá que provar sua capacidade de resistência à dúvida, à crítica, ao medo e à concorrência, até chegar ao vilarejo da Confiança. Isto será desgastante, mas não deve abalar sua crença de forma alguma.

A partir deste ponto, você terá que ser mais forte para enfrentar a preguiça e o cansaço, chegando ao vilarejo do Comprometimento. Descanse um pouco, mas não perca o foco. Falta pouco para chegar à Conquista, capital do estado da Estratégia.

> Siga a sua intuição. Continue firme, apesar da neblina das decepções. Talvez a poeira dos desistentes diminua a visibilidade nesse ponto, mas logo chegará ao Rio dos Resultados. Então, será possível cruzar a Ponte da Recompensa e desfrutar do que você merece.

Aproveite bem a estadia e tire alguns dias de folga, mas não pare ainda. Conquista é uma cidade perigosa, permanentemente ameaçada pela soberba e pela inveja. Além disso, é bom lembrar que o Rio dos Resultados tem o curso alterado pelas oscilações do mercado, podendo secar em algumas épocas do ano. O melhor é buscar um local mais seguro para viver.

Mas não se preocupe. A partir desse ponto, a viagem é mais tranquila. Estratégia é um estado maravilhoso e acolhedor. O caminho que o levará até Liberdade é belíssimo.

Você vai adorar o povo de Caráter, um vilarejo rico em integridade, respeito e orgulho.

Logo adiante, encontra-se Valores, um lugar pitoresco e muito familiar. O último vilarejo antes da Liberdade tem uma vocação espiritual e renova as nossas energias. Nele, você descobre a sua verdadeira essência.

> Aproveite a experiência maravilhosa de alcançar a Liberdade, um lugar indescritível e que remete aos seus melhores sonhos. Só estando lá para sentir.

É uma pena que tantas pessoas desistam no meio do caminho. Talvez não consigam enxergar belezas na paisagem ou pensem que ainda estão muito distantes. Enfim, perdem-se por falta de foco, por desconhecerem o mapa e por deixarem que outras pessoas cuidem do seu futuro. Andam em círculos e desanimam diante do menor obstáculo, porque não sabem o quanto é previsível cumprir essa jornada do princípio ao fim.

O segredo deste negócio é persistir na direção correta e não difere em nada de uma longa viagem entre Porto Alegre e Fortaleza. Sabendo por onde anda e o que vai enfrentar no caminho, você pode aproveitar cada momento, cada praia e cada experiência, da melhor forma possível.

É só manter o passo, a visão e a alegria de viver.

Definição de prioridades

Seja qual for o seu objetivo, você só obterá êxito se mantiver o foco e a determinação de alcançá-lo. Isso vale para tudo o que fizer na vida.

Devemos ter sempre a noção exata das nossas prioridades para não desviar nem desistir. Talvez seja esse o maior segredo dos vencedores e realizadores que escreveram seus nomes na história. Eles souberam manter foco e determinação diante das maiores adversidades. Superaram cada desafio em busca de um sonho maior, claramente definido e desejado.

O que é prioridade para você neste momento? Pintar a casa? Ter um filho? Conquistar uma nova promoção dentro da empresa em que trabalha? Comprar um smartphone? Juntar dinheiro para dar entrada em um imóvel? Assistir à final do campeonato de futebol? Trocar de carro? Comprar aquele vestido lindo que viu no shopping? Concluir a faculdade? Passar um final de semana na praia? Praticar tênis? Plantar uma árvore? Aprender violão? Reconquistar um amor perdido?

Não existe uma resposta universal, pois cada pessoa define suas prioridades livremente.

Tudo o que acontece em nossas vidas é resultado das escolhas que fazemos. Sempre conseguimos aquilo que, com consistência, almejamos, seja isso bom ou ruim, útil ou desnecessário.

Você não vai encontrar uma única resposta. Aliás, todas as pessoas normais e saudáveis devem buscar objetivos variados para manterem-se em permanente equilíbrio. Objetivos pessoais, profissionais, espirituais, sociais, financeiros, enfim, é importante buscar a felicidade e a realização em diversas frentes. A sabedoria consiste em alcançar esse equilíbrio.

O que é mais importante agora?

Você prefere comprar um videogame ou pagar o plano de saúde do seu filho? Maratonar uma série ou concluir a faculdade? Jogar futebol ou participar de um treinamento sobre como desenvolver melhor a sua distribuição, Multiplicando Bem-Estar? Tudo na vida precisa ser organizado dentro de uma ordem de prioridades, a qual varia ao longo do tempo.

Talvez, agora, o seu maior objetivo seja ler este livro até o fim, porque você sabe que isso te ajudará a tomar melhores decisões daqui por diante. Porém, não é fácil definir prioridades.

As pessoas costumam ter noções superficiais sobre o que é prioritário na vida. Elas sabem, por exemplo, que faltar ao trabalho na segunda-feira pode resultar em demissão e que se forem demitidas não terão dinheiro para pagar suas contas. Por isso, preferem acordar cedo em um dia frio, enfrentar o trânsito e trabalhar duro, em vez de ficar com seus filhos. Sim, elas "preferem" trabalhar a ficar em casa nessas condições, porque racionalizam o prejuízo que teriam se perdessem o emprego.

Quando falamos em ter um negócio próprio, isso muda de figura. É aí que a definição de prioridades começa a falhar, sistematicamente. Não somos tão responsáveis como deveríamos.

> A disciplina que as pessoas têm para obedecer a um chefe e cumprir horários parece não funcionar direito quando são donas do próprio tempo.

O que é mais importante agora, fazer contatos para o seu negócio ou passar um final de semana curtindo a praia? Assistir à final do campeonato ou participar de um evento de liderança?

A maioria das pessoas não pensaria duas vezes para atender a um "pedido" do patrão (e teria melhor compreensão da família), mas não cuida do próprio negócio da mesma forma. Por quê? Porque somos treinados para sermos submissos.

Quando temos autonomia, perdemos a noção das prioridades e colocamos o futuro dos nossos projetos em xeque.

Escreva para não perder de vista

Para ter sucesso neste negócio ou concluir com êxito qualquer projeto pessoal, você deve rever suas prioridades diariamente. Por isso, é tão importante escrever os objetivos em um papel e mantê-lo sempre ao alcance da visão, ler livros positivos e participar de treinamentos em uma base consistente.

Alimentar o espírito é a única forma de manter o foco e a determinação necessária para alcançar o sucesso.

É fundamental falar sobre isso agora, porque a maioria das pessoas inicia uma distribuição de base domiciliar em meio período, já que os ganhos imediatos com essa atividade podem ser insuficientes para manter o mesmo padrão de vida no começo. Essas pessoas têm uma ocupação principal que já lhes toma de oito a dez horas por dia, e o pouco tempo que sobra deve ser utilizado para cuidar da vida familiar, lazer e outros projetos pessoais. Como dar conta de tudo isso e ainda desenvolver um negócio em paralelo? Só há uma resposta: definindo-o como prioridade máxima.

Não existe meio termo

O seu comprometimento tem que ser integral, independentemente do tempo disponível. Sejam duas, quatro ou doze horas por dia, o aproveitamento tem que ser o melhor. Você deve colocar o seu negócio próprio como prioridade máxima, porque é assim que os empreendedores de sucesso fazem. Isso é excelência!

Um dos maiores ídolos do esporte mundial, exemplo de determinação e superação, o piloto Ayrton Senna deixou a seguinte mensagem:

"No que diz respeito ao empenho, ao compromisso, ao esforço, à dedicação, não existe meio termo. Ou você faz uma coisa bem feita ou não faz." (Ayrton Senna)

Isso significa que você aproveitará cada minuto, cada intervalo do dia, pensando em como desenvolver melhor o seu negócio.

Use a hora do almoço para fazer contatos, pequenas apresentações e acompanhamentos.

Quando estiver preso no trânsito, ouça áudios motivacionais e de treinamento.

Tenha cartões de visita, folhetos e produtos sempre à mão para aproveitar, da melhor forma possível, as oportunidades que surgirem.

Você vai perceber que desenvolver este negócio é muito mais fácil e agradável do que parece, desde que tenha um bom motivo para fazê-lo: conquistar a sua liberdade financeira, com bem-estar duradouro e mais tempo de qualidade para a sua família.

Missão pessoal

O que você vai fazer, além de ganhar dinheiro?

Muitas pessoas começam a desenvolver este negócio porque desejam pagar suas contas e viver com um pouco mais de conforto. Outras têm ambições maiores e querem ficar ricas para comprar o que sempre sonharam. Um terceiro grupo, mais raro, enxerga significado no que faz. São pessoas que simplesmente dedicam suas vidas a multiplicar bem-estar.

Não apenas neste negócio, como em tudo na vida, o verdadeiro sucesso é uma combinação de vários fatores.

> Dinheiro é um recurso maravilhoso, quando bem aplicado. Pagar as contas, viver com mais conforto ou mesmo usufruir de um padrão de vida elevado são ambições saudáveis, desde que contribuam para a sua felicidade.

Quantas pessoas são milionárias no mundo? Quantas vivem como reis e rainhas? Será que todas são felizes ou o dinheiro também pode fazer mal? Quantas dessas pessoas vivem às custas de antidepressivos? Fingem que estão bem diante dos holofotes, mas, no íntimo, sofrem da mais profunda solidão? Quantas comprometem laços familiares e abrem mão do amor em função do dinheiro? Quantas se arrependem das escolhas que fizeram no passado? A ambição descontrolada desvirtua o sentido da vida.

Não deixe que o desejo de ter mais poder e dinheiro comprometa a sua verdadeira essência. Tome cuidado para não afastar as pessoas que ama, em nome de uma ambição vazia de significado. A maior riqueza é e sempre será a sua integridade.

Quem é você?

É possível mentir diante do mundo inteiro, mas aquela pessoa do outro lado do espelho sabe o que sentimos (e o preço que pagamos por cada escolha errada).

Isso nada tem a ver com o dinheiro em si. Você pode e deve buscar os seus sonhos, mas procure equilibrar vida pessoal e profissional. Tenha ética e seja confiável, aja como um líder de verdade. Lembre-se de honrar seus valores e crescer como ser humano. Sua história de vida é inegociável!

Quem é você? Como pretende deixar sua marca no mundo? Como alguém materialista, arrogante e insensível ou como um ser humano exemplar, que faz a diferença positiva na vida de muitas outras pessoas? O que você fará com esse dinheiro, além de usá-lo em benefício próprio? Ajudará familiares e amigos? Realizará projetos culturais? Dedicará uma parte do tempo livre a uma causa humanitária?

> Os maiores líderes, de todos os setores e em qualquer parte do mundo são aqueles que amam o que fazem. São pessoas para as quais o dinheiro já deixou de fazer diferença há muito tempo. Pessoas apaixonadas pela causa e que colocam um propósito coletivo acima dos interesses individuais. A existência delas tem um grande significado e, por isso, conquistam a nossa admiração.

Se você quer um bom exemplo, pesquise a história de vida do fundador da sua empresa de Marketing de Relacionamento. Ele certamente é um líder com esses predicados. Caso contrário, não teria construído algo de tamanho valor, não é mesmo?

Assim acontecerá com a sua distribuição. Se colocar todo o foco e energia no objetivo individual de enriquecer, muitas pessoas vão se afastar. Talvez você cresça, mas terá que reconstruir suas bases o tempo todo. Por outro lado, se tiver como objetivo sincero ajudar outras pessoas e expandir o seu potencial humano, Multiplicando Bem-Estar, exercerá um magnetismo natural tão forte que será capaz de atrair multidões.

Dinheiro é consequência

Você pode ter aquele carro que sempre quis e adquirir a casa dos seus sonhos. Pode viajar pelo mundo, comprar as melhores roupas e viver com o máximo conforto, mas descubra outros motivos mais nobres para fazer este negócio.

Pense na diferença que você faria no mundo se tivesse condições. Como gostaria que a sua família te visse? Que sentimentos eles teriam em relação a você?

Quando dinheiro e tempo não forem mais problemas, o que você pretende estudar? Música? Dança? Idiomas? Fará uma faculdade? Escreverá um livro? Cuidará de uma horta? Montará uma creche para crianças carentes?

Qualquer sonho tem valor, desde que venha do fundo da alma. É a sua chance de resgatar aqueles sentimentos bons da infância e, quem sabe, realizar o que parecia impossível.

A liberdade financeira que este negócio proporciona, após alguns anos de desenvolvimento consistente, permite que você reescreva a sua história de vida da maneira que quiser. Mais do que isso, garante que seus filhos tenham a mesma oportunidade.

Portanto, dê asas à imaginação. Defina a sua missão pessoal como algo grandioso, nobre e compatível com seus melhores valores.

Sinta um imenso orgulho de trabalhar por isso!

Duas formas de começar

Qualquer pessoa pode desenvolver uma distribuição de base domiciliar e alcançar os melhores resultados, desde que esteja disposta a pagar o preço para evoluir.

Existem duas formas de começar. Cabe a você decidir por aquela que melhor se adapta à sua realidade atual:

1) **Foco em vendas:** recomendável para quem está disponível, ganha pouco ou pretende aumentar rapidamente seus resultados;

2) **Foco em liderança:** recomendável para quem tem uma atividade principal satisfatória, encontra-se em uma situação estável e pode investir em um projeto de liberdade financeira a longo prazo;

A escolha de uma dessas opções não significa descartar a outra. Estamos falando de foco e não de exclusividade.

Algumas pessoas se confundem e investem 100% do tempo em apenas uma das frentes. O resultado é que se cansam e desistem antes de completar o percurso. Isso acontece porque uma distribuição de base domiciliar, ilimitada e milionária só se constrói com a combinação de ambos: vendas e liderança.

É muito fácil compreender os motivos. Para uma distribuição ser considerada milionária, deve realizar negócios na ordem de um milhão por mês, certo? É possível fazer isso sozinho, só com vendas? Não. É possível fazer isso com milhares de pessoas que não produzem nada? Também não! A chave é promover que todos sejam ativos, começando por você!

Uma distribuição milionária só é possível quando você consegue reunir um expressivo número de pessoas, gerando volumes de negócios consistentes.

Lembre-se de que não estamos tratando de enriquecimento rápido e fácil. Por favor, isso não existe. Se alguém tentar te convencer do contrário, fuja enquanto é tempo.

Este livro ensina como desenvolver sua própria distribuição de base domiciliar, ilimitada e milionária, Multiplicando Bem-Estar, e isso não cai do céu. É uma construção de longo prazo.

Vendas e liderança

Querendo ou não, mais cedo ou mais tarde, você irá se deparar com esses dois conceitos vencedores que, uma vez combinados, produzem a riqueza: vendas e liderança. Acostume-se com essa ideia ou desista de abrir um negócio próprio.

> Vendas e liderança constituem a base de qualquer empresa bem-sucedida, em qualquer ramo e em qualquer parte do mundo. São qualidades que diferenciam os melhores dos melhores.

Nem todas as pessoas gostam ou sabem vender. Outras não têm perfil de liderança. Muito poucas acumulam as duas qualidades. Não tem problema. Ninguém precisa ser o melhor vendedor do mundo para ter sucesso em vendas, se souber usar as tecnologias disponíveis e liderar uma equipe produtiva. Aliás, os campeões de vendas costumam ser péssimos líderes porque tendem a ser individualistas demais.

O segredo deste negócio está em reunir pessoas com habilidades complementares. Algumas muito boas em vendas e liderança, outras nem tanto e a maioria de pessoas comuns, dispostas a aprender. Em seguida, disponibilizar um sistema de treinamento simples, duplicável e permanente, ensinando vendas e liderança. O que acontece? Todos aprimoram suas habilidades de vendas e liderança.

Não há como fugir desse caminho.

Qual é o tamanho do seu bolso?

Se você deseja desenvolver sua própria distribuição de base domiciliar, ilimitada e milionária, terá que aprimorar suas habilidades em vendas e liderança, servindo como exemplo e inspiração para as pessoas que integram o seu grupo.

O que pretendemos identificar é em qual dessas práticas você deve se concentrar agora.

Em qual dessas frentes você dedicará a maior parte do seu tempo nos próximos seis meses de atuação? Vendas ou liderança? A resposta é muito fácil de descobrir, pois está dentro do seu bolso.

Você tem um Plano A que te permita investir em treinamentos, produtos para consumo pessoal, materiais de apoio, transporte, alimentação, Internet e outros recursos para gerir a sua distribuição nos próximos seis meses sem que isso prejudique o seu padrão de vida?

Se a resposta for positiva, concentre-se em aprender e praticar habilidades de liderança. Dedique 30% do tempo fazendo algumas indicações e vendas para servir de exemplo; 70%, realizando contatos, apresentações, patrocínios e acompanhamento de outros Distribuidores.

Por outro lado, se você está com o orçamento apertado, como a maioria das pessoas, concentre-se em aprender e praticar a habilidade de vendas e indicações, priorizando treinamentos de produtos, serviços, estratégias comerciais e acompanhamento de clientes.

Alguns Distribuidores não observam isso e cometem falhas que comprometem o seu futuro do negócio. Podem ser desempregados focando em liderança (assumindo dívidas para manter investimentos sem retorno imediato), pessoas sem fôlego financeiro deixando de participar de treinamentos importantes, vendedores estagnados no mesmo patamar e sem buscar novas qualificações, enfim, estratégias improdutivas ou incompatíveis com a realidade atual em que vivem.

Sabendo priorizar o que traz mais retorno, você otimiza tempo e investimentos. Além disso, pode ajudar seus Distribuidores a fazerem o que é melhor para eles, mantendo-os ativos e entusiasmados por mais tempo.

De ambas as formas, é possível evoluir neste negócio. Desde que, aos poucos, à medida que a experiência aumentar, o Distribuidor reoriente o foco, buscando um perfeito equilíbrio entre essas duas qualidades fundamentais.

A diferença entre profissionais e amadores

A criatividade é uma virtude no mundo dos negócios, mas tem hora e lugar para acontecer. Existem muitas situações em que ser criativo pode significar perda de tempo, foco e produtividade, comprometendo seus resultados.

> Para desenvolver sua própria distribuição de base domiciliar, ilimitada e milionária, o primeiro passo é reconhecer que você não sabe muito sobre o assunto e que precisará do apoio de especialistas.

Você terá acesso a produtos, plano de marketing, materiais de apoio e acesso a eventos desenvolvidos por pessoas capazes e com experiência reconhecida no meio. Eles formataram um padrão duplicável de sucesso, que tem sido lapidado ao longo dos anos, no intuito de simplificar, facilitando e automatizando boa parte do seu trabalho. O que é mais inteligente nesse momento, segui-lo ou reinventá-lo?

A verdade é que um Distribuidor iniciante não tem experiência suficiente neste negócio para sugerir inovações. Por mais brilhante que seja, ainda não é capaz de avaliar o impacto dessas "melhorias" ao longo de todo o processo, que envolve milhares de pessoas, nas mais diversas situações. Ignorar isso costuma sair muito caro.

Seja responsável

O bom profissional observa, pesquisa e procura dominar o assunto antes de ser criativo, porque sabe que seria irresponsabilidade sua promover mudanças, sem avaliar todas as consequências. Além disso, precisa conquistar a confiança da equipe antes de querer influenciá-la. É assim que funciona dentro das empresas, nas instituições governamentais ou em qualquer outro lugar. E não seria diferente aqui.

Você está prestes a iniciar um negócio que já funciona muito bem para milhares de pessoas. Este negócio é baseado no princípio da simplicidade porque deve ser rapidamente assimilado e executado por qualquer Distribuidor, independentemente da origem, classe social, nível cultural, idade, sexo, situação financeira etc. Por isso, existe um padrão que gera resultados rápidos e consistentes.

Esse padrão é perfeito? Não. Funciona para todos os casos? Também não! Mas funciona muito bem na maioria deles, e isso é suficiente para começar a desenvolver sua própria distribuição de base domiciliar, ilimitada e milionária.

> Inovar sem ter experiência constitui um risco desnecessário e denota amadorismo.

Para reforçar essa ideia, imagine um cirurgião recém-formado, que estudou quase uma década para chegar onde está. Será que ele é "criativo" com os primeiros pacientes? Quantas cirurgias bem-sucedidas ele deve fazer até conquistar o direito de sugerir qualquer inovação?

Agora, pense nos engenheiros, arquitetos, advogados, biólogos ou físicos, quantos anos de experiência são necessários para conquistarem o direito de ousar? Quantos cursos de pós-graduação, mestrado e doutorado eles precisam fazer para serem "levados a sério" pelas instituições que regulamentam cada profissão? Isso é responsabilidade e profissionalismo.

Neste negócio, acontece da mesma forma. Quando você se qualificar, poderá sugerir melhorias. Quando estiver entre os Tops, será responsável por decidir o rumo da sua organização. Portanto, conquiste o direito de inovar, sendo profissional desde já.

Confie nos líderes

Até se qualificar, qualquer criatividade é contraproducente e vista como sinal de amadorismo pelos líderes. É claro que você tem o direito de fazer o que quiser com a sua distribuição, mas eles também têm o direito de pensar que você não merece crédito nem apoio.

Se eu fosse você, não apostaria em uma estratégia de isolamento porque ninguém vai muito longe sozinho. Lembre-se de que este é um negócio de pessoas e parcerias, onde o trabalho em equipe é fundamental. Você precisará de alianças para crescer.

O melhor caminho é manter a humildade e reconhecer que seus líderes têm mais conhecimento que você sobre este negócio.

Se os produtos, as estratégias comerciais e os eventos são assim, pode ter certeza que eles também questionaram, testaram e chegaram a um padrão que funciona. Eles enfrentaram mais adversidades, acumularam mais experiência e enxergam mais longe do que você.

Em vez de perder tempo tentando reinventar a roda, concentre a sua energia em fazer bem feito o que eles dizem que funciona.

Além de testar os recursos na prática e acumular experiências valiosas, você chegará muito rápido às primeiras qualificações. Então, terá a oportunidade de participar de treinamentos e reuniões de liderança que explicam cada detalhe do funcionamento do negócio.

Se, mesmo assim, você ainda acreditar que o padrão pode ser melhorado, já terá conquistado a confiança deles e talvez suas ideias sejam bem recebidas. Como foi dito antes, a criatividade é uma virtude no mundo dos negócios, mas tem hora e lugar para acontecer.

A tendência, porém, é que você compreenda os motivos que levaram os líderes a formatarem esse padrão do jeito que está. Ele é bastante simples de propósito, para não confundir nem desviar o foco.

Em última instância, o padrão existe para que os novatos não precisem se preocupar com quase nada. Ele trabalha para os Distribuidores, duplicando o que há de mais precioso: tempo. Em vez de procurar atalhos, basta seguir pela via expressa.

Atalhos são arriscados. Mesmo que funcionem para uma pessoa, não são facilmente duplicados, geram dependência e limitam o crescimento do grupo.

Quando você nega o padrão, abre um perigoso precedente para que os outros inventem suas próprias estratégias. Como a maioria das pessoas não tem o mesmo discernimento, erros são cometidos e isso coloca o trabalho da equipe a perder.

Por isso, para desenvolver sua própria distribuição de base domiciliar, ilimitada e milionária, liderando um grupo com milhares de pessoas, não invente. Sempre que pensar em algo novo, reflita primeiro se todos poderão reproduzir o mesmo efeito. Consulte os líderes da sua equipe (linha ascendente) e só faça o que for aprovado.

É mais inteligente seguir o padrão à risca e deixar que o sistema trabalhe por você. Isto é o que vai garantir que o negócio continuará crescendo sem a sua participação direta, Multiplicando Bem-Estar.

A palavra proibida

Como você costuma encarar desafios? "Tenta alcançá-los", faz "o possível" ou faz "mais do que o possível" para superá-los? Com que frequência atinge suas metas pessoais e profissionais nos prazos estabelecidos? Quando fracassa, qual é a sua reação? Aceita, fica desconfortável ou simplesmente "não se perdoa"?

As respostas a essas perguntas variam muito de pessoa para pessoa, servindo como indicadores de determinação e superação.

Quando alguém apenas "tenta" alcançar metas, (na maioria das vezes) não consegue e aceita o fracasso com naturalidade, dificilmente realizará algo importante na vida. Isto porque o cérebro já está programado para fracassar. Quando desafiado para qualquer coisa, não se esforça o suficiente, pois está acostumado a aceitar as próprias desculpas. É como uma panela de pressão com defeito. Sua válvula de escape não segura o vapor como deveria. Nesta categoria, estão as pessoas acomodadas e preguiçosas que conhecemos, que dedicam suas vidas a: 1) Invejar o sucesso alheio; 2) Reclamar do chefe; 3) Culpar o governo; 4) Falar mal dos outros.

No extremo oposto, encontram-se os grandes realizadores. Pessoas que não poupam esforços para alcançar suas metas, são bem-sucedidas na maioria das vezes e, nas raras ocasiões em que fracassam, "não se perdoam". Alguns chegam a colocar a própria saúde em risco, tentando superar seus limites. Nesta categoria, normalmente encontram-se os gênios dos negócios, do esporte, das artes e das ciências.

Entre esses dois perfis, existem infinitas situações intermediárias nas quais se enquadram os empreendedores em geral. É sempre possível ajustar nossos valores e crenças em busca de um equilíbrio satisfatório.

Quem tenta não faz

E você? Como anda o seu termômetro de determinação e superação? Está em busca de um maior equilíbrio? Deseja ser capaz de realizar mais ou quer controlar melhor o seu ímpeto?

O ajuste deste termômetro está relacionado à capacidade de lidar com o próprio fracasso, reconhecendo as variáveis que estão sob o seu controle e aquelas que não dependem de você.

Por que os projetos de algumas pessoas nunca dão certo? Provavelmente é porque elas desistem com muita facilidade. Aceitam as próprias desculpas e são as primeiras a sabotá-los. Tome cuidado com isso.

Seja rigoroso consigo ou o Universo será.

Já está provado que algumas atitudes minam a nossa energia. Não adianta estarmos motivados e envolvidos com uma causa qualquer, enquanto não formos capazes de reagir às pressões na mesma proporção.

Seja qual for a situação, aprenda a honrar a palavra que empenhou para a pessoa do outro lado do espelho. Afinal, nada pode ser mais nocivo para um ser humano do que o hábito de aceitar as próprias desculpas.

O costume de pedir desculpas e aceitá-las como se nada fosse perdido é um mal que nos paralisa, deteriorando a capacidade que temos de vencer desafios. Por isso, "desculpa" é uma palavra proibida no vocabulário dos realizadores.

Desculpas são inaceitáveis

A maioria das pessoas é acostumada, desde criança, a aceitar as próprias desculpas, pois vem assumindo compromissos com os quais não pode lidar ou não tem interesse de cumprir. Isso gera uma atitude subconsciente de sabotagem, enfraquecendo o seu poder de decisão.

Não podemos considerar o descumprimento das metas como algo normal. Desculpas são inaceitáveis, porque na maioria absoluta dos casos resultam do próprio desleixo com as obrigações. Denotam amadorismo, falta de comprometimento, planejamento, responsabilidade e organização. Tudo o que um realizador não pode aceitar.

Pedir e aceitar desculpas são hábitos de perdedores porque viciam nossas decisões. Uma vez que você comece a considerar a desculpa como uma alternativa aceitável, o seu cérebro vai priorizá-la mesmo quando o sucesso de uma empreitada estiver ao seu alcance. Afinal, é muito mais fácil pedir desculpas do que arregaçar as mangas para recuperar-se de uma situação desfavorável.

Seja qual for a sua orientação até aqui, é recomendável excluir a palavra "desculpa" do seu vocabulário. Não aceite mais as próprias desculpas, porque elas são responsáveis pela maioria absoluta dos seus fracassos. Adote hábitos melhores para fortalecer sua determinação e aumentar as chances de vencer cada desafio.

Na vida, nós somos os responsáveis por nossas decisões. Mesmo quando sugestionados por alguém, somos nós que determinamos os objetivos que nos movem, seus prazos e recompensas. Por isso, tome cuidado com as escolhas que faz. Não aceite qualquer imposição alheia. Tenha critérios com as metas que assume para si, certificando-se de que tem o interesse e a capacidade de alcançá-las, para não desistir no meio do caminho.

Por mais que as outras pessoas estejam entusiasmadas, este negócio só vai funcionar para você, quando você assumir seu compromisso particular. Não adianta assinar um contrato e iniciar o projeto "achando que pode" dar certo, se não tiver força de vontade para superar desafios.

Quem se habitua com desculpas, assina a sentença do fracasso e fragiliza sua autoestima a cada frustração.

Para alcançar resultados melhores, perdoe-se pelos erros cometidos no passado e seja realista com suas possibilidades, mas jamais encontre conforto nas desculpas.

A decisão que vale uma vida: vou fazer!

Você já sabe aonde quer chegar, conhece o caminho a ser percorrido e definiu uma ordem de prioridades para cumprir sua missão pessoal. Já identificou a melhor forma de começar e se comprometeu a agir com profissionalismo para superar seus limites. Riscou a palavra "desculpa" do dicionário e agora só precisa tomar esta grande decisão: desenvolver sua própria distribuição de base domiciliar, ilimitada e milionária.

Ao iniciar esse projeto que vai mudar a sua vida, lembre-se de que decidir começar não é simplesmente desejar os resultados, mas assumir a responsabilidade por seus atos e empenhar todos os esforços nessa empreitada até completá-la com êxito.

Algumas pessoas pensam que basta preencher um cadastro, indicar e vender alguns produtos para construir sua liberdade financeira. Motivadas, participam de alguns eventos, começam a compartilhar a oportunidade com os amigos, mas não estão comprometidas com a causa. Nem sabem o que isso significa. Assim, fraquejam diante das primeiras objeções e desistem após dois ou três meses de ilusão, dizendo que este negócio não funciona.

> Não se iluda e não ocupe o tempo dos outros com fantasias. Seja responsável com seus sonhos e com os sonhos das pessoas que ama.

Não inicie este projeto grandioso, acreditando que alguns meses de empenho trarão os resultados esperados. Os próximos meses servirão apenas para a sua adaptação ao negócio. É provável que você ainda cometa muitos erros e tenha que reconstruir a distribuição por várias vezes até aprender como funciona. Só então, começará de fato a desenvolvê-la.

Faculdade milionária

Eu gosto de comparar este negócio a uma faculdade. Não adianta fazer a matrícula, se não tiver o compromisso de aprender e praticar até se formar. Nos primeiros seis meses, você não realiza muita coisa. É só adaptação. O primeiro ano inteiro serve apenas para nivelar os conhecimentos gerais dos alunos, que vieram de diferentes escolas e têm formação heterogênea. É só no segundo ou terceiro ano que você começa a aprender algo específico da profissão. Em muitos casos, a escolha da carreira acontece durante o quarto ano, quando você já possui os elementos necessários para uma decisão consciente. E, na maioria das vezes, só vai encontrar sua verdadeira vocação após alguns anos de experiência no mercado.

Neste negócio, é a mesma coisa. Quando você inicia, precisa de um tempo de adaptação à equipe e aos conhecimentos gerais que vão compor a base da sua liderança. Talvez você precise vencer a timidez, aprender a lidar com pessoas, desenvolver o hábito da leitura, tornar-se mais responsável, enfim, cada um traz experiências diferentes, que precisam ser complementadas com disciplinas específicas, antes que seja possível construir algo sólido. Você vai aprender tudo na prática, treinando e exercitando cada habilidade necessária.

Sabendo disso, qual é a chance de acertar de primeira e virar Top em tempo recorde? E seus parceiros de negócios, será que todos vão crescer com a mesma facilidade que você? De forma alguma. Portanto, é natural que boa parte do seu esforço inicial seja desperdiçado. Sim, é importante conseguir alguns resultados nos primeiros dois anos para ganhar fôlego e experiência, mas não espere tanto disso.

Concentre-se em assimilar os conhecimentos e aprender como se faz o negócio para depois colher os melhores frutos.

Se esta decisão vale mesmo uma vida, comprometa-se com pelo menos cinco anos. Encare o negócio como uma faculdade de empreendedorismo e liderança. Dedique-se, participe de todas as aulas, leia e pratique bastante. Ouça o que os líderes experientes têm a dizer. Se o vizinho ou cunhado sugerir qualquer coisa, entenda que eles estão bem intencionados, mas são especialistas em outras matérias. Provavelmente não sabem como desenvolver uma distribuição de base domiciliar, ilimitada e milionária, de modo que não devem interferir no seu processo.

Sacrifícios e privações

Para formar-se como Top, será necessária uma boa dose de esforço. Nem tudo são flores neste negócio. Assim como acontece com os alunos de uma faculdade, você terá que dedicar muitas noites e finais de semana para se desenvolver. Frequentemente, para vencer limites, precisará escolher entre uma "aula chata" e o lazer, mas a recompensa valerá a pena.

Neste sentido, um fator determinante para o sucesso do projeto será a forma como a sua família aceitará e apoiará esta decisão. Afinal, muitas dessas escolhas difíceis a envolverão também.

Converse com a esposa ou marido, explicando o que você pretende construir ao longo dos próximos cinco anos. Deixe claro que os melhores resultados só começarão a surgir após dois anos de empenho consistente e que vocês terão que ser fortes para suportar as dores do crescimento.

Compare este negócio com qualquer outro projeto de longo prazo, como a construção de uma casa, a formação de um filho ou mesmo o casamento. Nem sempre as coisas acontecem como nós queremos, mas o resultado final vale a pena. Se tiver filhos, converse com eles também.

Ajuste a sua visão e a dos familiares mais próximos, de modo que possam enxergar o que está em jogo: o bem-estar duradouro de todos.

Quando estiver em casa com a família, envolva-os, naturalmente, no negócio. Afinal, se você abrisse uma franquia, um restaurante ou mesmo uma padaria, eles seriam envolvidos. Até mesmo quando se tem um emprego tradicional, a família participa, seja porque você fez hora extra e levou trabalho para casa, seja pelos acontecimentos do dia, o estresse e os desafios. Isso é compartilhar uma vida. Então, não há motivos para pensar diferente. A distribuição não é apenas sua. Não pode ser. Além disso, quando os resultados vierem, todos serão recompensados.

Família que se ama, trabalha junto e se respeita. Está sempre unida e objetivando um futuro melhor para todos.

Isso não quer dizer que você terá que abrir mão de todos os momentos de lazer com eles em prol deste negócio, e sim que "fará do limão uma limonada". Se a família estiver unida para o que der e vier, o trabalho será mais agradável. Se puderem estar com você em alguns eventos, terão mais tempo juntos. Mais até do que se você tivesse um negócio tradicional.

A hora é essa!

Qualquer decisão desse porte é difícil, mas são essas decisões que mudam o curso das nossas vidas. Por isso, seja forte para não se arrepender depois. Assuma o compromisso pessoal e com a sua família, de levar este projeto até o fim, como deve ser feito, com sinceridade e firmeza. Eles fecharão com você e serão aliados importantes nessa jornada.

Para terminar, a decisão tem que ser agora! Este é o momento ideal! Talvez você ainda tenha muitas dúvidas, mas a verdade é que nunca temos certeza de nada. O tempo está passando e as oportunidades esfriam.

A pessoa que te convidou quer uma resposta rápida, porque não está interessada nas suas condições atuais, e sim na sua atitude de mudança. Se você demorar, ela não vai te esperar. Eu não esperaria.

Vencedores assumem riscos calculados e decidem rápido! Se você quer, você pode agora!

Estamos falando de um negócio que exige investimentos irrisórios. Se você não tem dinheiro, pode pegar emprestado ou pagar com o próprio trabalho. Não importa o que você sabe, pois o sistema vai te ensinar. Enfim, só depende da sua própria vontade. Por isso, antes de continuar a leitura deste livro, procure imediatamente a pessoa que te indicou e responda: “vou fazer” ou “não vou fazer”. Fale a verdade e assuma as consequências.

Se não fizer isso agora, todo o resto que tratarmos daqui pra frente será inútil.

Aquecendo as turbinas

Você pesquisou a fundo sobre este negócio e tomou a decisão que mudará sua vida por completo. Agora, chegou o grande momento. A pista de decolagem está a sua frente e você não pode mais recuar. Também não haverá uma segunda chance de gerar o impulso original. Ou você começa direito, concentrando toda a energia disponível para fazer sua distribuição decolar, ou poderá se espatifar na montanha das desilusões.

Algumas pessoas desperdiçam os primeiros dias de negócio questionando as orientações que recebem dos líderes, faltando a eventos ou adiando ações fundamentais, como vender, indicar, convidar, patrocinar e acompanhar. Desta forma, jogam fora a maior oportunidade que têm de causar uma primeira boa impressão.

Tanto para você, quanto para os familiares, amigos e líderes ascendentes, quanto mais rápido você começar a praticar e perceber resultados, maior será a confiança. Por isso, cada segundo é muito precioso!

Quando eu comparo o início da distribuição a uma decolagem, não é por acaso. Afinal, este é um momento crucial para a segurança e para o êxito da sua viagem. Não dá para acionar meia turbina e decolar "mais ou menos", percebe? Ou você se compromete 100% com o negócio desde o início ou não suportará a pressão.

O impulso original

Da mesma forma que a decolagem representa um desafio maior que o próprio voo, os primeiros dias neste negócio são mais importantes que o próximo ano inteiro. Isso porque, se você aproveitar bem este impulso original, terá vencido as maiores resistências, construindo as bases da sua distribuição e obtendo reforços.

A verdade é que nenhum momento é mais difícil neste negócio do que estar sozinho, sem resultados.

Enquanto você não compartilha essa oportunidade com outras pessoas, não vende, não indica e não patrocina, nada acontece. O tempo passa e se volta contra você na forma de cobrança.

Mesmo que os familiares e amigos não contestem, você vai se questionar. Quanto mais demorar para perceber os primeiros resultados, maior será a insegurança, e ela corrói a motivação e a autoestima de qualquer um.

Por isso, vale a pena concentrar a energia em fazer uma lista de candidatos bem feita e convidar o maior número de pessoas para a próxima apresentação. Cole nos líderes ascendentes e peça o máximo de apoio que puder. Eles sabem que você está começando agora e não vão te julgar pelos primeiros resultados, mas pela sua atitude de mudança. Eles querem avaliar o seu nível de compromisso para saber se o tempo investido no seu desenvolvimento será bem aplicado.

O foco está em você

Durante as primeiras duas semanas, um dos focos da organização estará em você. Afinal, cada novo Distribuidor, até prova em contrário, merece apoio irrestrito. Porém, na medida em que o tempo passa e os resultados não aparecem, esse apoio tende a diminuir. Outros Distribuidores iniciantes começam a desviar a atenção dos líderes e você deixa de ser prioridade.

Não desperdice o seu impulso original. Aproveite as primeiras duas semanas para fazer algumas apresentações e patrocinar pessoas novas com a ajuda dos ascendentes. Isso fará com que eles criem uma imagem positiva a seu respeito e continuem acompanhando você de perto nas etapas seguintes.

Além disso, cada novo Distribuidor que você patrocinar multiplicará a força motriz da sua distribuição e o sentimento de fazer algo bom pelas pessoas. Em outras palavras, quanto mais rápido você montar uma equipe, maior será a aceleração do seu negócio e a Multiplicação de Bem-Estar.

Quando tiver dez pessoas trabalhando duas horas por dia com você, terá vinte horas diárias de esforço para fazer o avião voar. Quando forem 100, serão duzentas horas diárias de esforço, e assim por diante. Por isso, invista o máximo de tempo possível na sua distribuição durante o primeiro mês de negócio. Reduza as horas de sono e aproveite cada intervalo do dia para prospectar.

Multiplicando sua força motriz

Distribuidores Ativos	Horas de Trabalho / Dia	% de Esforço Pessoal
(Você) 1	2	100,00%
2	4	50,00%
4	8	25,00%
8	16	12,50%
16	32	6,25%
32	64	3,13%
64	128	1,56%
128	256	0,78%

Quanto mais pessoas integrarem a equipe, menor será a dependência do seu próprio tempo e esforço. Essa é a vantagem de multiplicar!

Fale várias vezes por dia com a pessoa que te convidou (cadastrador ou patrocinador) e mantenha contato com o primeiro líder Qualificado ascendente. Não falte a nenhum evento e tenha sempre convidados. Leia e promova este livro o mais rápido que puder, para formar uma boa equipe. Tudo isso contribuirá em muito para criar um impulso original irresistível.

Um segundo agora vale mais do que uma hora daqui a um mês!

"Comprometa-se com pelo menos cinco anos. Encare o negócio como uma faculdade de empreendedorismo e liderança."

PARTE 3

DISTRIBUIDOR: CORRA PARA A QUALIFICAÇÃO!

Quando jogamos em um time,
precisamos ocupar uma posição e cumprir funções específicas para o resultado coletivo ser satisfatório. O mesmo acontece com a sua distribuição.

Tenha muito orgulho do que você faz

Estes são os seus primeiros dias como Distribuidor e talvez você ainda não tenha qualquer resultado. É natural que sinta um pouco de insegurança e desconforto, mas não deixe que isso abale o seu entusiasmo. Afinal, você está só aprendendo e precisa desenvolver algumas novas habilidades para desenvolver este negócio.

Para ganhar mais confiança, leia o material, manuais e sites da companhia. Pesquise a história dos fundadores e dos principais líderes, certificando-se de que tem um negócio incrível nas mãos. Quanto mais embasada for a sua crença na oportunidade, melhor será a sua condição de multiplicar bem-estar.

> Use os produtos e participe dos eventos para falar com conhecimento de causa. Isso aumentará sua resistência às críticas e te permitirá melhorar a qualidade dos contatos.

É possível que algumas pessoas do seu relacionamento digam que isso não funciona, tentando te dissuadir da decisão de construir sua distribuição de base domiciliar, ilimitada e milionária. Tenha um pouco de paciência e não as julgue mal. Elas desconhecem o tamanho do setor de Venda Direta e Marketing de Relacionamento ou não pesquisaram direito. Talvez tenham ouvido falar que alguém não obteve resultados satisfatórios e não se deram conta de que esse é um negócio como outro qualquer, onde não existe milagre nem dinheiro fácil. Enquanto os profissionais têm sucesso, os amadores fracassam.

Uma forma inteligente de vencer essas resistências, sem perder muito tempo e evitando desgastes, é indicar a leitura desse livro ou um similar que trate do assunto com a seriedade que merece. Ao conscientizá-los sobre a grandeza deste negócio usando fontes confiáveis, você pode transformar críticos em excelentes parceiros de jornada.

Eles não sabem o que dizem

Você deve sentir muito orgulho porque, em vez de reclamar da falta de oportunidades, está fazendo o oposto, está oferecendo uma chance para as pessoas sérias mudarem de vida, por meio de um trabalho acessível e que estimula o crescimento pessoal contínuo. No lugar de esperar que o governo pague suas contas, você está construindo um patrimônio para garantir a segurança da sua família. Isto sem contar que distribui produtos e serviços de excelente qualidade, que proporcionam melhoria na qualidade de vida das pessoas. Quem critica isso é porque não sabe do que se trata.

Esta é a maior oportunidade de negócios da atualidade. Não apenas no Brasil, como no mundo inteiro, a Venda Direta e o Marketing de Relacionamento crescem como nunca. Nos Estados Unidos, Japão, Alemanha e Inglaterra, apenas para citar algumas das economias mais ricas do mundo, a distribuição de base domiciliar é uma realidade consagrada.

Mais de 128 milhões de pessoas estão envolvidas com esse tipo de atividade, movimentando cerca de US$ 186,1 bilhões por ano[6].

No Brasil, os números também impressionam. Segundo a Associação Brasileira de Empresas de Vendas Diretas, 4 milhões de empreendedores movimentam mais de US$ 7,1 bilhões anuais[7].

Dentre os envolvidos, encontramos médicos, engenheiros, advogados, artistas, empresários e consultores, enfim, profissionais muito bem relacionados e altamente qualificados que não apenas acreditam, como desenvolvem essa atividade com sucesso.

Em vez de dar ouvidos às críticas, concentre-se em ouvir o que os líderes e especialistas ensinam. Mantenha o foco no cumprimento das primeiras metas. Você tem mais a ganhar!

Quando você tem orgulho do que faz, seu brilho no olhar exala confiança. Suas atitudes demonstram firmeza de propósito e caráter, atraindo os melhores parceiros. Por isso, deixe as dúvidas de lado e confie.

Entregue-se a essa atividade com paixão, de modo que as pessoas sintam que você é excelente no que faz.

Você faz parte de um time vencedor

Uma das primeiras coisas que você deve fazer ao iniciar sua própria distribuição é reconhecer as pessoas que constituem a linha ascendente: o seu patrocinador, o patrocinador dele e todos os Distribuidores ativos, Qualificados e Tops que estão entre você e a empresa fornecedora. Este é o time em que você irá jogar. Apresente-se e comece, desde já, a mostrar o seu valor.

Qual é o seu primeiro Qualificado ascendente? Quem é o Consultor mais próximo de você com experiência reconhecida dentro deste negócio? E acima dele, quem é o primeiro líder destacado entre os Tops da companhia? Esses devem ser os seus principais referenciais de sucesso. São os jogadores da equipe que ocupam as posições mais estratégicas. São eles que definem o esquema de jogo, escalam o time e podem te ajudar a crescer mais rápido, se você tiver humildade para ouvir conselhos. Eles têm muito a lhe ensinar. Reconhecer isso é uma grande virtude.

> Quando jogamos em um time, precisamos ocupar uma posição e cumprir funções específicas para o resultado coletivo ser satisfatório. O mesmo acontece com a sua distribuição.

Não queira fazer o papel de técnico, goleiro e centroavante logo de início. Você está chegando agora e ainda precisa provar que é bom de bola para conquistar um espaço entre os titulares. Se não demonstrar companheirismo, chegar atrasado nos treinos e fizer corpo mole, qual será o resultado? Na melhor das hipóteses, vai esquentar o banco de reservas. Qualquer postura ruim que prejudique o desempenho do grupo fará com que você perca a credibilidade, o apoio e o espaço.

Faço essa analogia porque muitas pessoas iniciam uma distribuição de base domiciliar sem observar os detalhes. Pensam que podem fazer o negócio de qualquer jeito e se mostram individualistas ao extremo. Não sabem o que é trabalhar em equipe. Às vezes, nem reconhecem seus líderes. E como pretendem ser aceitas na equipe?

Conquiste a confiança do grupo

Você está entrando agora em um time vencedor, que já tem um certo entrosamento. Mesmo que não concorde com as estratégias atuais e tenha ideias incríveis sobre como conduzir este negócio, ainda é cedo para interferir. Você nem conhece os jogadores direito. Por isso, antes de querer promover qualquer mudança, é preciso jogar bem e conquistar um espaço dentro do time. Esse deve ser o seu maior objetivo.

Estude e pratique bastante. Prepare-se para a estreia. Se você entrar na metade do segundo tempo, marcar um gol e/ou colocar o artilheiro do time em condições de marcar, todos ficarão impressionados. Se contribuir com o desempenho da equipe nos próximos jogos, conquistará a confiança dos companheiros, o carinho da torcida e será promovido a titular.

O importante é manter a regularidade. Participar de modo responsável e eficiente, demonstrando sua melhor atitude sempre.

Seguindo essa mesma lógica, quando você tiver uma carreira estabilizada e todos reconhecerem suas competências, suas ideias serão mais aceitas. Você poderá sugerir melhorias e até mesmo mudanças no esquema tático do time, pois já terá o respeito de todos.

Perceba, qualquer esquema tático pode ser mudado, mas as estratégias da empresa e da liderança são aperfeiçoadas somente por pessoas que já têm capacidade reconhecida dentro do grupo. Querer se envolver com isso quando ainda está começando, sem ter resultados consistentes para mostrar, além de improdutivo, soa arrogante e pretencioso.

Faça bem feito o que deve ser feito

Respeite a experiência dos líderes e adote uma postura profissional. Em vez de desperdiçar seu tempo precioso inventando moda, seja eficiente. Ouça o que os líderes têm a lhe ensinar. Seja sempre a primeira pessoa a fazer o que eles promovem. Estabeleça um vínculo de confiança cada vez mais forte entre vocês, demonstrando seu compromisso com a equipe.

Seguir o caminho das pedras deixado pelos Tops da companhia é o meio mais rápido de alcançar seus objetivos.

Mantendo o foco e seguindo os passos dos líderes com humildade, você logo alcançará a primeira qualificação dentro deste negócio. E se continuar assim, crescerá em um ritmo acima da média, chamando a atenção de todos.

Além disso, se conseguir que outros Distribuidores dupliquem a mesma atitude, conquistará um espaço na elite da empresa. O seu poder de influência aumentará na proporção dos seus resultados.

Funciona como em qualquer organização. A única diferença é que, neste negócio, os postos de liderança são ocupados 100% por mérito. Fazendo o trabalho como deve ser feito, você chegará ao topo e será reconhecido por isso.

Os líderes já construíram uma história de sucesso. Eles conquistaram essas qualificações porque Multiplicam Bem-Estar de modo consistente. Ninguém melhor do que eles para saber o que traz melhores resultados. Portanto, não questione a estratégia.

É bom conhecer e conviver com os principais líderes ascendentes para aprender mais rápido. Mantenha o foco. Concentre-se em fazer bem feito o que deve ser feito.

Seja o melhor aprendiz

Sem disciplina e força de vontade, não há como crescer. Um empreendedor está sempre em busca de conhecimentos que possam auxiliá-lo em sua jornada vitoriosa. Afinal, é preciso se preparar para assumir novas atribuições e superar desafios cada vez maiores.

Este é um negócio de empoderamento. Quem almeja alcançar o topo deve anotar o que aprende nos eventos, a fim de modelar as habilidades dos líderes mais experientes. Isso fixa as informações e prepara o futuro treinador.

As frases, as histórias e os exemplos dos outros servem como inspiração. É uma questão de hábito. Para aprender muito ao longo de dois anos, leia um pouco a cada dia. O Distribuidor estuda o que é necessário para ser Top: entusiasmo, liderança, vendas, comunicação, programação neurolinguística (PNL), trabalho em equipe, oratória, inteligência emocional, administração do tempo etc.

Se você não sabe vender, participe dos treinamentos. Se não conhece os números, estude. Se tem dificuldades para falar em público, pratique.

Aprimoramento contínuo

Um Distribuidor que pretende se destacar deve fazer o que é necessário para ser melhor hoje do que ontem, e melhor ainda amanhã. Essa é a filosofia dos vencedores.

O desenvolvimento pessoal acontece de várias formas e é acelerado sempre que você está disposto a aprender por meio de:

- Livros e áudios;
- Eventos;
- Exemplo de mentores;
- Convivência com profissionais experientes;
- Autoconhecimento;
- Experiência prática.

Tenha o hábito de ler. Não há outro meio de se aprofundar nos estudos além dos livros. A leitura é indispensável não só para o desenvolvimento do Distribuidor dentro deste negócio, como em todas as áreas da vida.

Ninguém precisa ler um livro por semana, mas a leitura disciplinada de 15 minutos por dia traz resultados surpreendentes.

Após alguns anos desenvolvendo esse hábito, qualquer Distribuidor experimenta mudanças visíveis, aprendendo tudo do que necessita para gerir uma organização milionária. A conta é simples: se dedicar pelo menos 15 minutos à leitura diária, o Distribuidor terá estudado aproximadamente 450 horas ao longo de cinco anos (equivale a 56 diárias de treinamento intensivo, oito horas por dia). Se conseguir manter a média de 10 páginas por dia, serão 18.250 páginas em cinco anos (equivale a mais de 90 livros de 200 páginas cada)!

Grifar, passar a limpo e resumir triplica o aprendizado. Praticar e ensinar imediatamente o que aprendeu é uma excelente maneira de fixar novos conhecimentos.

Sua base referencial única

Existem muitos livros positivos no mercado, mas você deve dar preferência àqueles que são promovidos pela sua linha ascendente. A primeira vantagem é que normalmente são leituras fáceis e agradáveis para que todos possam compreender os ensinamentos. A segunda vantagem é que, quando todos leem os mesmos livros, têm uma base referencial única para se comunicarem. O efeito dessa padronização é muito poderoso.

Sobre os áudios, posso afirmar que o segredo de muitas distribuições bem-sucedidas tem sido o uso dessa ferramenta. Primeiro, porque nem todas as pessoas conseguem desenvolver logo o hábito da leitura (e os áudios servem como uma introdução mais leve para os iniciantes). Além disso, são excelentes para disseminar a cultura específica da empresa, padronizando apresentações e treinamentos em todos os lugares.

Os áudios reúnem um potencial incrível. O treinamento deixa de depender dos locais e horários dos eventos e passa a ser compartilhado, dentro de um padrão de qualidade, para toda a equipe.

Ouça e promova as melhores gravações de palestras em eventos apresentadas por líderes de destaque na empresa. O efeito é simplesmente fantástico!

Entre em ação

Participe dos cursos e eventos promovidos pela sua liderança, sem contestar a forma e o conteúdo do padrão. Aprender em grupo é sempre mais fácil do que sozinho, pois um acaba apoiando e suprindo as deficiências do outro. A convivência com pessoas positivas e comprometidas ajuda a fixar os ensinamentos.

Nada disso anula ou substitui a prática. Somente quando o Distribuidor vai a campo para aprender sobre determinada característica do negócio é que "as fichas caem". Não há outro jeito. Muitas vezes, o Distribuidor só entende os efeitos de uma determinada estratégia depois de executá-la.

Por isso, confiar nos outros, seguir a orientação dos mais experientes e praticar são os princípios básicos de qualquer liderança bem-sucedida neste negócio. Seja humilde e esteja onde os líderes estão.

Quanto mais rápido você errar e cair, mais rápido poderá aprender a se levantar.

Aprender com a experiência dos outros também é uma forma inteligente de evitar prejuízos. Nem sempre é possível, mas dá para minimizar, em muito, as perdas, se o Distribuidor seguir o caminho das pedras traçado pelos líderes mais experientes.

Tenha mentores, acompanhe seus passos, pergunte e siga o exemplo. Use a imagem e os conhecimentos do líder a favor do seu negócio. Assim, economizará muito tempo e dinheiro.

Para terminar, é por meio da autorreflexão que você avalia o próprio desempenho ao longo do tempo. O que tem aprendido? O que precisa ser melhorado? Como otimizar determinado aspecto deste negócio? Saber fazer as perguntas certas é fundamental.

Invista na motivação diária ao acordar, antes de dormir e antes das reuniões. Invista em você!

Foco no próximo degrau

Não adianta ser muito ativo e trabalhar demais, se o esforço for canalizado de forma errada. Atividade não garante realização. O principal motivo que leva o Distribuidor a fracassar neste negócio é quando ele tenta fazer tudo ao mesmo tempo e perde o foco da próxima qualificação.

O caminho mais curto (com menos esforço e desperdício) é a linha reta. Portanto, se você quer que a sua distribuição seja bem-sucedida, é necessário que ela cresça mensalmente em volume e, o mais importante, em número de Distribuidores ativos. Caso contrário, corre o sério risco de retroceder, te levando a desanimar e desistir.

No início, você é o único líder do negócio e os resultados dependem 100% do seu próprio esforço. Com Venda Direta, indicações e/ou por meio de um pequeno grupo patrocinado pessoalmente, é possível gerar um volume interessante. Talvez você alcance bons resultados mais rápido que a média, mas tome cuidado. Não se iluda com isso.

Por melhores que sejam seus ganhos imediatos com vendas, indicações e novos patrocínios, você deve priorizar a expansão da sua equipe indireta. Esta é a única maneira de se aproximar da tão sonhada liberdade financeira.

Algumas pessoas têm um início rápido e logo alcançam o primeiro posto de liderança. Em especial, quem já tem habilidade com vendas e faz um bom volume diretamente. Contudo, por melhores que sejam esses ganhos, enquanto forem proporcionais ao seu próprio esforço, você ainda troca tempo por dinheiro.

Seja disciplinado e continue firme, no mesmo ritmo. O plano de marketing da companhia foi projetado para funcionar como um guia, onde cada qualificação representa um passo na direção do objetivo maior. Ninguém precisa reinventar a roda. Basta estudar as regras para saber o que deve ser feito em cada fase do negócio.

Quais são os critérios que você precisa cumprir para subir mais um degrau dentro do plano? Transforme isso em meta e defina um prazo para alcançá-la.

Um passo de cada vez

Este negócio funciona como se fosse uma gincana com várias provas. Não adianta cumprir a primeira tarefa com facilidade, se não for capaz de manter-se concentrado para vencer as etapas seguintes. O campeão só é conhecido no final e, no trajeto, será considerada sua regularidade.

Qualquer projeto deve ser dividido em partes para você não perder o foco no meio do caminho. É como uma estrada que sinaliza o seu progresso.

Quando você realiza uma viagem para um lugar distante, é fundamental que existam placas, de tempos em tempos, indicando onde você se encontra e o quanto falta para chegar ao próximo destino. Caso contrário, corre-se o risco de errar o caminho.

Imagine o estresse de viajar várias horas em uma estrada mal sinalizada e cheia de desvios. Por mais confiante que a pessoa seja, ficará apreensiva: "Essa é a estrada certa? Será que não me confundi?"

Por outro lado, quando avistamos uma placa confirmando que falta bem menos para chegar ao destino final, bate aquela sensação maravilhosa: "Ufa! Ainda bem que estou no caminho certo!"

Além de serem muito bem sinalizadas, as melhores rodovias também disponibilizam postos de serviços para que possamos reabastecer o carro, "esticar as pernas", ir ao banheiro, comer, repor as energias, falar com alguém que está à nossa espera, etc.

O mesmo acontece quando você atinge uma nova qualificação neste negócio. Você pode respirar fundo, comemorar que está avançando e se preparar para a próxima meta. A sensação de cada conquista intermediária te empodera um pouco mais. Significa que o esforço está surtindo efeito.

Falta menos para chegar

O mais interessante é o que acontece a partir daí. O nosso cérebro processa as informações e conclui: "Falta menos para chegar". É como se apagasse da memória os milhares de quilômetros já percorridos, as dificuldades encontradas e os possíveis atrasos. O foco se concentra naquele pequeno trecho que falta e tudo parece mais simples.

Para cada etapa cumprida, reconhecemos um novo começo de um caminho mais curto.

Encaramos o futuro com otimismo. Afinal, ninguém desiste de uma viagem tão longa quando percebe que falta menos para chegar. Neste negócio, as qualificações têm a mesma função.

Cinco anos é um tempo considerável e um milhão é muito dinheiro. Se não dividirmos esse projeto grandioso em etapas menores, com início, meio e fim, desistiremos. Não é fácil manter a mesma energia durante todo o percurso, sem recarregar as baterias, mas não podemos perder de vista o destino final, que é a liberdade financeira. Quanto mais rápido você avançar na direção deste objetivo, menos desgaste sofrerá. O número de paradas previstas é suficiente, desde que você mantenha um bom ritmo de crescimento. E, por isso, o impulso original é tão importante!

Elevando o nível

A cada conquista de uma nova qualificação, você recebe uma dose extra de entusiasmo, conhecimento e apoio dos ascendentes. Você passa a participar de treinamentos específicos para aprender como desenvolver o negócio em um nível mais elevado. Os familiares, amigos e colegas que acompanharam de perto o seu esforço diário (e que diziam que não valeria a pena), percebem que você está crescendo. Muitas vezes, uma nova qualificação é o detalhe que falta para um companheiro acreditar que funciona, ou mesmo para patrocinar aquele vizinho cético que precisa ver para crer.

São muitos os benefícios, mas só passando por isso para entender como funciona. Acredite no que os ascendentes dizem e busque a próxima qualificação com afinco. Coloque energia e foco nesse objetivo, mas atenção: cuidado com a tentação dos atalhos. Não adianta mascarar os resultados forçando a barra, pois você terá que manter a nova qualificação no mês seguinte e buscar a próxima. Se fizer um estoque exagerado de produtos ou patrocinar muitas pessoas com promessas irreais, terá que pagar essa conta mais tarde. Dar um passo maior do que a perna costuma ser doloroso.

Não perca tempo tentando dar o "pulo do gato". Você crescerá mais rápido e com mais segurança se fizer o que os líderes dizem que funciona, o mais rápido que puder.

Opere no azul

Não existe bom negócio baseado no prejuízo dos seus acionistas. Você pode até atravessar uma fase difícil, com dívidas e resultados insatisfatórios, mas se isso persistir por muito tempo você quebra. A sua distribuição de base domiciliar é do mesmo jeito.

Enquanto tiver que tirar dinheiro de outra atividade ou pegar emprestado para manter o negócio em funcionamento, estará operando no vermelho, comprometendo a sua saúde financeira e sendo um péssimo exemplo.

Outra coisa: um negócio somente será saudável enquanto vender algo que atenda às expectativas do cliente final. Em outras palavras, quem "sustenta" o negócio com dinheiro deve estar satisfeito com o que leva em troca, encerrando a relação comercial de forma positiva. Sem isso, não há como se manter. Portanto, certifique-se de vender algo que tenha real valor de mercado para não se decepcionar depois.

Algumas pessoas não observam esses detalhes e caem no perigoso terreno das ilusões. Começam a promover "investimentos garantidos" e outras vantagens que não têm lastro. Por favor, não desafie a razão nem as leis. Cuidado com o que prometem por aí.

Tenha um produto/serviço de valor

Não existe distribuição de base domiciliar, ilimitada e milionária que venda apenas "distribuições de base domiciliar, ilimitadas e milionárias". Isso não é um produto/serviço em si.

Todo negócio de Venda Direta e Marketing de Relacionamento honesto, sustentável, precisa vender itens com valor de mercado ao cliente final, de modo que este seja satisfeito, mesmo que não indique ninguém mais para o sistema.

Por exemplo, quando você adquire perfumes, suplementos, cosméticos, produtos de higiene pessoal, óleos essenciais, colchões, utensílios domésticos, roupas, livros, alimentos, serviços de comunicação etc., por preços considerados justos (em função da qualidade percebida), a cadeia de valor termina aí, com o cliente final satisfeito. Esta é uma relação comercial saudável, capaz de sustentar um negócio de verdade.

Por outro lado, no caso da "distribuição que vende distribuição", o cliente final nunca está satisfeito porque não recebe produtos/serviços que justifiquem o valor investido. Quem participa desse tipo de esquema depende de indicar outras pessoas para recuperar seu dinheiro e fica desesperado para passar logo a "batata quente" adiante.

Sim, é possível que muitos ganhem dinheiro enquanto a bolha cresce, mas será sempre a minoria da população envolvida. O que temos, por mais vantajoso que pareça para aqueles que lucram, é um esquema piramidal e insustentável que multiplica prejuízos até implodir.

O mesmo problema ocorre quando a distribuição vende algo que não tem real valor de mercado, ou seja, quando o preço cobrado está muito acima da qualidade percebida pelos clientes finais. Isso faz com que apenas os próprios Distribuidores comprem (para se manterem elegíveis aos benefícios de indicar), tornando o modelo insustentável.

Não é fácil compreender essas diferenças porque o valor percebido por um item é algo subjetivo e pessoal. Porém, há um modo prático de reconhecer isso. Basta verificar o percentual de compradores que não desenvolvem o negócio de distribuição. Se as compras regulares desses clientes finais representarem pelo menos 50% do faturamento da empresa, o negócio é saudável.

Pergunte a si mesmo: "eu pagaria por isso mesmo que não tivesse uma oportunidade de ganhos embutida"? Se a resposta for sim, vá em frente. Caso contrário, fuja enquanto é tempo!

Jamais caia na tentação de comprar o que não quer, ou que acha que não vale o preço, pela oportunidade incrível de negócios associada. Evite jogar dinheiro fora e cuide bem da sua imagem.

Duplicando sucesso

Por favor, entenda que um modelo de negócios só deve ser duplicado quando for um exemplo de sucesso. Por isso, antes de querer multiplicar a sua distribuição, certifique-se de que ela opera no azul. Em outras palavras, mesmo que você não tenha qualquer pessoa em sua equipe, é fundamental que a distribuição possa gerar lucros. Isso é imprescindível para provar que o negócio é honesto e sustentável no longo prazo.

Sobretudo nos primeiros meses de negócio, vale a pena conquistar clientes finais regulares e satisfeitos. Dedique algum tempo às vendas e indicações para pagar os custos referentes ao negócio com o lucro da própria distribuição.

Em vez de tirar dinheiro do bolso para comprar produtos/serviços para uso pessoal e participar de treinamentos, faça a sua distribuição ser rentável desde o começo, atendendo outros clientes finais.

Quando você opera no azul, mesmo que não tenha um lucro significativo, consegue provar que o negócio funciona. Isso tira a pressão dos seus ombros e te permite dar tempo para as coisas acontecerem. A família, os amigos e os convidados percebem que você tem mais segurança. Se os outros falarem mal ou não conseguirem desenvolver o negócio, sua crença permanece inabalável, pois você está do lado da verdade.

A Venda Direta é só o início de uma distribuição de base domiciliar, ilimitada e milionária, mas é fundamental para você ganhar confiança e credibilidade.

Você não precisa ser um exímio vendedor nem esperar que a distribuição opere no azul para começar a convidar outras pessoas, mas deve ter isso como um objetivo até alcançá-lo. Mesmo que não precise dos resultados financeiros que a atividade de vendas proporciona, isto vai servir de exemplo para a sua equipe.

Associe-se para crescer

Você pode fazer um ótimo trabalho com vendas e indicações, mas não chegará muito longe sozinho. Para desenvolver sua própria distribuição de base domiciliar, ilimitada e milionária, é necessário gerar grandes volumes de negócios, duplicando a sua célula produtiva. Esta é a única forma de vencer as limitações físicas de tempo e espaço.

A primeira etapa já foi cumprida. Você se tornou um bom exemplo porque a sua distribuição opera no azul. É provável que já tenha patrocinado algumas pessoas que também estão tentando se estabilizar, mas a verdade é que tudo o que foi construído até aqui serve apenas como experiência. Muitos Qualificados neste negócio tiveram que reconstruir suas bases porque cometeram falhas no início. Isso é normal, na medida em que você ainda está aprendendo como funciona.

Algumas pessoas do seu grupo atual podem até continuar ativas, mas não se decepcione se elas desistirem. Afinal, você as patrocinou quando ainda não tinha a postura correta de líder (e talvez por isso elas não te levem tão a sério como deveriam).

Refaça a sua lista de nomes, identificando aquelas que têm maior potencial. Inclua alguns profissionais bem-sucedidos que você prejulgou na primeira lista, pois agora já está mais seguro e tem resultados para mostrar.

Inverta a relação de dependência que só existe na sua cabeça. No lugar de pensar que "precisa" patrocinar outras pessoas para crescer, tenha certeza de que os clientes e parceiros certos serão atraídos pela sua atitude vencedora, que sua distribuição crescerá de qualquer jeito e que todos que estiverem com você serão beneficiados pela sua liderança.

Acredite que você tem nas mãos a maior oportunidade do século e que existem poucas vagas ligadas a você. Apenas três, cinco ou dez pessoas terão o privilégio de serem patrocinadas diretamente por você nos próximos meses. Portanto, trata-se de uma oportunidade única e muito valiosa!

Sorte de quem estiver junto

Você está determinado a vencer e sabe que não chegará lá sem ajudar outras pessoas. Aquelas que agarrarem a oportunidade de serem patrocinadas por você terão o apoio da liderança mais comprometida e eficaz. Você vai estar ao lado delas, auxiliando-as a começarem neste negócio com o pé direito porque já participou de alguns treinamentos e tem o apoio da melhor linha ascendente que existe.

Essa é a atitude que faz a diferença. Você está confiante porque a sua distribuição opera no azul. Conseguiu criar uma célula produtiva e viu que não é nenhum "bicho de sete cabeças". Qualquer pessoa determinada pode fazer o mesmo, até mais rápido que você. Basta manter o foco, seguindo o padrão que funciona. A sua crença é muito maior agora do que antes, porque está comprovado que dá certo!

Neste momento, a sua postura é muito diferente e você consegue patrocinar novos Distribuidores em um nível mais elevado. O seu entusiasmo não é fruto de ilusões nem depende de estímulos externos. O seu olhar é magnético e transmite confiança, porque você diz a verdade. A sinceridade tem um poder irresistível.

Em quem você vai investir?

Com tudo a seu favor, quem você vai patrocinar? Qualquer pessoa serve? Não! Ou você quer perder um tempo precioso tentando "tirar leite de pedra"? Deixe a filantropia para mais tarde, deixe para quando for Top e estiver "com a vida ganha". Agora, cada segundo é precioso e você não pode se dar ao luxo de arriscar o seu futuro por conta de indecisos.

Não se trata de prejulgamento. Você deve oferecer a oportunidade para todas as pessoas e deixar que elas decidam se querem ou não fazer. A reação delas é que irá determinar seus patrocínios.

Concentre esforços em trazer primeiro quem pode contribuir mais rápido com o projeto. Pessoas capazes, determinadas, que tenham visão de longo prazo e que estejam interessadas em mudar de vida. Estas serão excelentes aliadas para construírem sua base sólida.

Ainda soa estranho? Pense diferente. Imagine que você abriu uma empresa e precisa contratar dez diretores para cuidarem da sua distribuição de base domiciliar, ilimitada e milionária. Qualquer pessoa serve? É claro que não! Todo empresário quer preencher seus quadros com pessoas da máxima confiança e que sejam comprometidas com o sucesso do empreendimento. O mesmo acontece aqui.

Pense como empreendedor. Selecione os candidatos pelo "currículo" que eles têm. Convide primeiro os mais qualificados, mas não prejulgue ninguém. Entreviste todo mundo o mais rápido que puder. Leve-os a um evento da companhia e observe a reação que eles têm diante dos fatos. Se pedirem mais informações, indique este livro ou qualquer outro que ofereça uma visão empresarial sobre deste negócio. Evite esclarecer dúvidas técnicas agora. Mais importante do que entenderem os cálculos matemáticos ou experimentarem os itens do catálogo, é acreditarem em você e na sua capacidade de discernimento. Você está em busca de pessoas que te aceitem como líder, pois, do contrário, só lhe trarão problemas.

A decisão tem que ser rápida

Não importa quanto dinheiro essas pessoas têm no bolso, a formação acadêmica ou qualquer outra questão. O que você deve considerar nesta seleção é o grau de interesse, confiança e comprometimento demonstrado. Se a pessoa quer mudar de vida, confia em você e está comprometida em fazer o que for necessário, patrocine. Se estiver indecisa, faça um acompanhamento rápido. Você precisa de uma resposta definitiva em, no máximo, 48 horas.

> Quem demora mais de 48 horas para decidir sobre qualquer coisa é porque não tem perfil de liderança. Talvez no futuro funcione, mas agora vai te atrapalhar.

Lembre-se de que você ainda está no início e não tem força para elevar ninguém. Neste momento, precisa se associar a pessoas que te ajudem a crescer, e não àquelas que tendem a se afogar em um mar de frustrações.

Não é hora de insistir com aquelas que precisam de lupa para perceber o tamanho da oportunidade. Sabendo filtrar os negativos agora e formando sua base com pessoas interessadas, confiantes e comprometidas, você subirá como um foguete. Logo alcançará as primeiras qualificações e poderá voltar para resgatar quem ficou pelo caminho.

Use a cabeça. Associe-se para crescer!

O mundo é imperfeito

Algumas pessoas iniciam neste negócio com a motivação no máximo, tornam-se fenômenos de crescimento, patrocinando dezenas de novos Distribuidores em alto nível. Alcançam as primeiras qualificações rapidamente, até que, de repente, sofrem um baque. Uma situação adversa qualquer freia seus resultados. Então, desanimam e perdem tudo o que haviam construído.

Por que isso acontece? Porque vitórias consecutivas nos fazem esquecer que o mundo é imperfeito. Isso cria uma falsa expectativa perigosa. Afinal, nem sempre acertamos ou ganhamos. Nem sempre as pessoas fazem o que combinaram conosco e nem sempre os resultados aparecem como gostaríamos. Esta é uma lição que todo vencedor deve aprender para não se iludir.

Os erros, as decepções e as derrotas fazem parte da nossa vida. Não podemos evitá-los, mas podemos minimizá-los, contorná-los, superá-los ou transformá-los em força motriz para a realização dos nossos sonhos.

O primeiro passo é reconhecer que nada ou ninguém é perfeito. Nem a sua empresa nem os itens que comercializa.

O que faz alguém crescer é a capacidade de lidar com as próprias falhas e, em especial, com as falhas alheias. Portanto, encare as dificuldades com maturidade. Esteja ciente de que irá ganhar, perder, errar e acertar durante a caminhada.

Para desenvolver sua própria distribuição de base domiciliar, ilimitada e milionária, aprenda a pensar como um empresário que se relaciona com milhares de pessoas. Distribuidores, parceiros, funcionários da empresa, convidados, clientes, concorrentes, fornecedores e governos. Todos, com seus erros e acertos, estarão influenciando o seu resultado final. Portanto, aceite as imperfeições.

Sofrendo menos

A maturidade de um líder passa por essa compreensão. Isso porque, a partir do momento em que assumimos que o mundo é imperfeito, passamos a sofrer menos quando as falhas acontecem. Não ficamos mais chateados quando alguém diz que o negócio não funciona ou desiste no meio do caminho. Não perdemos mais tempo tentando provar para os convidados que a empresa é perfeita, porque já sabemos que ela não é.

O que faz uma companhia prosperar não é a ausência de falhas, mas a competência que se demonstra ao lidar com elas.

Ficar preocupado com as imperfeições que nos rodeiam é algo que rouba a nossa energia e desvia a atenção do que é importante: como vencê-las.

Em vez de ficar triste porque um Distribuidor insatisfeito desistiu do negócio, patrocine dez pessoas novas.

Quando um cliente quiser devolver o produto ou cancelar um serviço adquirido, atenda prontamente à vontade dele mostrando o quanto o seu trabalho é honesto.

Quando um funcionário da empresa falhar, não pense que a empresa é ruim ou que o seu futuro está ameaçado. Considere apenas que ele precisa ser treinado ou substituído.

Se a concorrência apertar dizendo que tem um plano revolucionário e melhor que o seu, lembre-se de que eles também são imperfeitos.

A ética profissional tem um grande valor e pular de galho em galho nunca levou alguém muito longe. Enfim, em vez de se aprisionar e sofrer dentro dos problemas, busque as soluções e siga em frente.

Aprenda a contornar problemas

A distância que te separa de um Top é o número de imperfeições com as quais ele já teve que lidar. Ele recebeu mais críticas, teve mais prejuízos, mais Distribuidores desistentes, mais convidados ignorantes, mais concorrência, mais decepções, enfim, ele se deparou com mais situações adversas e jamais deixou que elas o desviassem da direção de seus sonhos.

Uma forma inteligente de encarar as imperfeições da vida e seguir em frente é colecioná-las.

Conheço um Distribuidor que define suas metas de um modo muito peculiar. Em vez de almejar cinco vendas por dia, ele coleciona vinte "nãos". No lugar de querer patrocinar três pessoas boas por mês, compromete-se a apresentar a oportunidade e a fazer um bom acompanhamento com trinta convidados, já sabendo que a maioria não fará o negócio. É isso mesmo! O foco dele é direcionado para a prática, em vez de se preocupar com os resultados. Assim, fica feliz quando obtém vitórias ou derrotas, porque em ambos os casos enxerga progresso. Ou porque fez sua distribuição evoluir, ou porque está cumprindo a sua meta pessoal. E isso o ajuda a manter o nível de energia sempre no máximo.

Apesar de estranha, essa é uma forma criativa de não prejulgar nem temer a reação de ninguém. Como o foco está voltado para os números, qualquer pessoa serve, não é mesmo?

Imagine como seria mais fácil elaborar uma lista de contatos com todas as pessoas que você acha que jamais fariam este negócio. Quer fazer uma experiência? Além de exercitar suas apresentações, poderá ter ótimas surpresas!

Você não precisa seguir a mesma receita, mas considerando que é muito mais fácil encontrar repulsa do que aprovação, deve aprender a lidar com isso naturalmente. Para ter sucesso neste ou em qualquer outro negócio, é preciso ter couraça de rinoceronte.

> Em vez de focar nos resultados financeiros que pretende obter, ou no quanto poderá ganhar se aquela reunião for bem-sucedida, pense que será ótima de qualquer jeito. Nem sempre ganhamos, mas sempre podemos aprender algo de valor.

Outra dica interessante é estabelecer suas metas de participação em 200 treinamentos da empresa e 1.000 apresentações de oportunidade. Monte um quadro e marque com um X cada etapa cumprida. Tenho certeza de que chegará à condição de Top antes de preencher todo o quadro.

Moral da história: encare os resultados como consequências naturais da prática e do aprendizado, e não o contrário. Aproveite as imperfeições do mundo para crescer!

Somos diferentes

Enquanto ainda não temos muita experiência neste negócio, acreditamos que todas as pessoas manterão o mesmo grau de empenho e entusiasmo que nós temos. Pensamos que o plano faz tanto sentido e que o trabalho necessário é tão óbvio, que todas as pessoas vão adorar a nossa oportunidade. Com esse pensamento, fatalmente nos decepcionamos.

Isso não é uma exclusividade da sua distribuição e não acontece apenas com você. O ser humano, de um modo geral, sente muitas dificuldades de se colocar no lugar do outro, aceitar o momento, os valores e os demais aspectos que cercam a sua existência. Porém, lidar com pessoas tão diferentes é uma arte que se aprende com a prática.

É preciso aceitar que somos diferentes. Cada ser humano tem características próprias e vive em um estado de evolução particular. Por isso, para ter uma organização com milhares de pessoas, você terá que aprender a lidar com essas diferenças, convivendo, dialogando e acolhendo pessoas de todo tipo: homens, mulheres, jovens, maduros, gordos, magros, carecas, barbados, estrangeiros, cultos, ignorantes, deficientes, vegetarianos, religiosos, ateus, céticos, crentes, chatos, viciados, otimistas, depressivos, racionais, emocionais, realizados, insatisfeitos, traumatizados, ricos e pobres, com infinitas variações de origem cultural, nível social, credo, raça, profissão, estado, humor, entre outras. Não é fácil, mas é maravilhoso!

Poucas experiências na vida nos permitem um conhecimento tão vasto e enriquecedor sobre a diversidade humana quanto desenvolver uma distribuição de base domiciliar.

Aproveite essa oportunidade única de se tornar uma pessoa melhor, mais sensível e comunicativa. Aprenda a respeitar as diferenças e desvendar o que há de mais valioso dentro de cada ser humano. Somente desta forma você será líder de verdade.

Sem preconceitos

No início, bem que tentamos limitar nossos contatos àquelas pessoas com quem temos maior identificação, talvez do mesmo círculo social, com a mesma faixa etária, história de vida, etc., porém isso é bobagem. Não há como manter esse padrão por muito tempo.

Você terá que conviver com pessoas que talvez não escolhesse como amigos, mas que podem se revelar bons parceiros.

Curiosamente, esse aspecto do negócio acaba dificultando um pouco o crescimento de pessoas que sempre viveram em um ambiente mais elitista ou segmentado. Elas não sabem como lidar com a grande massa da população, talvez carente de oportunidades, mas igualmente capaz e produtiva. Vencer essa limitação exige uma abordagem apreciativa, desprovida de qualquer preconceito.

Para os ativistas e religiosos mais convictos, a tolerância também é um desafio. Afinal, política e religião são assuntos da esfera particular e nenhuma empresa impõe restrições quanto às crenças e costumes dos seus Distribuidores. Portanto, é impossível desenvolver uma distribuição de base domiciliar sem conviver com outras ideologias.

Um verdadeiro líder respeita as diferenças!

Lidando com as emoções

Mesmo que todos fossem iguais, cada pessoa vive um momento emocional diferente que deve ser considerado. Talvez para alguns seja fácil eleger o negócio como prioridade, mas, o que acontece quando um familiar adoece gravemente? Ou quando uma catástrofe natural destrói a residência? Existem outras razões que podem desviar a atenção até do mais determinado líder e que devem ser tratadas com discernimento.

Situações menos graves também podem desviar a atenção de um Distribuidor iniciante que ainda não tenha muito clara a sua ordem de prioridades. Será que isto é suficiente para julgá-lo como incapaz? Ou será que o líder deve usar toda a experiência acumulada para criar uma aproximação maior, revelar sonhos adormecidos e trazê-lo para mais perto do fogo?

Não estamos falando em aceitar desculpas. Aliás, isso já foi tratado antes. Desculpas minam a nossa capacidade de discernimento. O que estamos sugerindo é que você aprenda a agir de acordo com o perfil e com o estado emocional de cada Distribuidor, evitando o choque para obter melhores resultados.

Existem etapas a serem cumpridas antes de se desistir de um Distribuidor que ainda não está em movimento consistente. Talvez falte muito pouco para essa pessoa despertar e se transformar em um grande líder.

Tome cuidado com o que diz, com as brincadeiras e exemplos que utiliza em público, pois a palavra tem o mesmo poder de curar e ferir. Evite temas polêmicos como política, religião, futebol e sexualidade, por exemplo. Evite piadas de mau gosto e comentários indevidos que possam arranhar sua imagem como líder. Você precisa ser o mais neutro e correto possível para multiplicar bem-estar.

Ofereça apoio a quem tem humildade

Saber lidar com as pessoas e amá-las como elas são é uma capacidade desenvolvida pelos maiores líderes. Isso cria empatia e abre espaço para o resgate de grandes seres humanos. Este negócio é maravilhoso porque nos oferece meios de ajudar essas pessoas que desistiram de sonhar, pelo acúmulo de frustrações ao longo da vida, ou que estão fechadas por autodefesa. Enfim, pessoas que só precisam de um pouco de paciência, compreensão e apoio para recuperarem o entusiasmo.

Neste negócio, você vai conhecer histórias incríveis de pessoas que passaram por difíceis provações e deram a volta por cima. Histórias que só se tornaram possíveis porque líderes de verdade estavam lá, trabalhando dia e noite, de braços dados.

Não há palavra que descreva o poder que temos de dignificar outras vidas, sobretudo quando nos apoiamos em valores como a confiança, o respeito e o trabalho honesto.

Não prejulgue ninguém. Ofereça apoio a quem tem humildade. Acredite que todas as pessoas têm algo muito especial a compartilhar e que talvez só precisem descobrir isso. Ajude a resgatar a autoestima de quem não acredita no próprio potencial e assuma o compromisso de revelar novos talentos. Sua carreira será magnífica!

Divirta-se!

Ao longo da vida, aprendemos muitas coisas, seguindo sempre um processo que exige muita disciplina e dedicação. Seja qual for a habilidade que pretendemos desenvolver, é necessário praticar para aprimorá-la. A repetição do exercício ajuda a fixar novos conhecimentos. Assim acontece quando aprendemos a andar, falar, praticar esportes, artes, culinária e também na carreira que escolhemos.

Infelizmente, na maioria das vezes, somos obrigados a aprender o que não queremos pela imposição da vontade alheia ou para cumprir com responsabilidades sociais e profissionais.

O problema é que, quando um aprendizado é visto como sacrifício, nos cansamos facilmente e sabotamos a prática. Nossa dedicação é reduzida e a evolução ocorre de maneira mais lenta, pois encaramos todo o processo como algo desagradável.

Por outro lado, quando encaramos um aprendizado como prazer, temos mais disposição para praticar repetidas vezes. Mesmo sem estímulo externo, queremos nos empenhar ao máximo, porque aquilo nos diverte.

É por isso que a didática e os métodos de ensino são tão valorizados hoje em dia. Já está provado que o gosto por determinada matéria está relacionado à forma com que ela é ensinada, a empatia do professor e a sua capacidade de estimular o interesse dos alunos.

Quanto maior o nosso interesse e prazer, maior é o entusiasmo para estudar, praticar e, consequentemente, aprender novas habilidades.

Por que estamos falando isso aqui? Porque você precisará desenvolver certas habilidades para ter sucesso neste negócio e o aprendizado será mais fácil e rápido à medida que sua prática for estimulante.

Não encare as atividades básicas e operacionais deste negócio pela obrigação de cumprir papéis com os quais não se identifica, e sim pela inspiração de desenvolver sua liderança, causar um grande impacto positivo na vida de milhares de pessoas e realizar seus sonhos!

Você precisa participar de eventos, vender, indicar, convidar pessoas, patrocinar e fazer um bom acompanhamento, entre outras funções. Portanto, divirta-se no caminho! Em vez de se preocupar tanto com os resultados imediatos, concentre-se em aproveitar cada experiência e aprimorar suas habilidades humanas da melhor forma possível. Faça novas amizades, sorria, compartilhe pensamentos positivos e a recompensa virá!

Retenção é evolução

Quando você coloca o foco nos resultados, assume uma carga de pressão que só atrapalha o seu desenvolvimento. Além disso, ninguém ganha sempre.

Para ser Top, você terá que encarar algumas derrotas com naturalidade. Nem toda apresentação será bem-sucedida, nem todo convidado enxergará o tamanho da oportunidade e nem todos os Distribuidores continuarão firmes neste projeto. Porém, se você for capaz de manter a mesma dedicação apesar das adversidades, chegará aonde quiser!

É preciso dar tempo para a própria evolução como líder acontecer. Da mesma forma, você deve ser paciente com os Distribuidores. Certifique-se de que eles estão se divertindo e aprendendo coisas novas. Ganhar dinheiro é necessário, mas não pode ser o único fator de retenção para o negócio. Afinal, com raríssimas exceções, leva algum tempo até que se comece a perceber resultados consistentes.

A maioria dos Distribuidores nunca trabalhou com algo parecido antes. Muitos sentem dificuldades até nas tarefas mais simples, porque não têm conhecimento, experiência e atitude para liderar um grupo.

Sua equipe será formada, essencialmente, por pessoas que não terão resultados financeiros rápidos e estarão propensas a desistir diante dos primeiros obstáculos. O maior desafio será mantê-las no negócio por tempo suficiente para que aprendam o básico. Seus resultados serão proporcionais à capacidade de retê-las, entusiasmá-las e treiná-las, antes que desistam de sonhar.

Seja um líder irresistível

Todos preferem conviver com pessoas agradáveis, felizes e positivas. Não adianta querer ganhar muito dinheiro neste negócio, ser profissional e agir com determinação, se participar da sua equipe for algo desagradável.

A maioria das pessoas quer e precisa mudar de vida, mas você não conseguirá atraí-las e mantê-las ativas em um projeto de longo prazo, se não tornar essa experiência recompensadora desde o início. Não conseguirá conquistar a confiança e a parceria delas, se não perceberem sua intenção sincera de ajudá-las, a ponto de quererem estar com você.

Sabemos que nem todas as pessoas serão capazes de desenvolver uma distribuição de base domiciliar, ilimitada e milionária, mas também sabemos que não há como distinguir previamente quem será bem-sucedido no campo. A verdade é que qualquer pessoa pode chegar ao topo se persistir tempo suficiente para aprender cada habilidade.

Por isso, no lugar de focar nos resultados financeiros, concentre-se nas relações de confiança e amizade que fortalecem a equipe. Antes de querer ensinar estratégias comerciais, estabelecer metas de desempenho e avaliação de performance, torne a sua liderança irresistível!

Os eventos devem ser divertidos e inspiradores para que os Distribuidores queiram participar do próximo. Isso permitirá que eles continuem com você até se desenvolverem!

Quando você se diverte, contagia os outros e multiplica bem-estar, criando um ambiente favorável ao negócio.

Não espere por ninguém

Até aqui, é provável que você já tenha patrocinado outras pessoas. Com a ajuda dos ascendentes, conseguiu levá-las a um treinamento e fazer com que experimentassem os produtos/serviços da empresa, mas parece que nada funciona para algumas delas. Já faz mais de um mês e elas não demonstram o mesmo interesse de antes. Reclamam, dizem que é complicado e arrumam qualquer desculpa para fugir de você. De vez em quando, até se empolgam e dizem que querem "ficar ricas", mas não se esforçam para evoluir. Continuam esperando o dinheiro cair do céu.

Não apenas neste negócio, como em tudo na vida, o sucesso tem um preço. Algumas pessoas estão dispostas a fazer o que é necessário para realizar sonhos, outras não.

Talvez esses Distribuidores mudem a forma de pensar no futuro, mas você está em condições de esperar? Até quando podemos insistir, desperdiçando tempo e dinheiro tentando ajudar quem não quer ser ajudado? Será que vale o sacrifício?

Sim, o Marketing de Relacionamento pode ser desenvolvido por qualquer pessoa, desde que esteja interessada. Caso contrário, por mais que você queira ajudá-la, nada vai acontecer. Ela pode até patrocinar outras pessoas e vender alguns itens, mas os resultados serão inconsistentes. Falta a atitude que move um líder. Ninguém pode carregar esse peso nas costas por muito tempo, sob o risco de naufragar junto.

Um segundo vale muito

Se você já estivesse Qualificado, talvez pudesse aguardar um pouco mais. Se fosse Top, teria tempo disponível para caridade, mas agora não! Qualquer segundo é precioso demais para perder com alguém que só rouba a sua energia.

Observe que não estamos falando das pessoas que você acabou de patrocinar nem daquelas que estão se desenvolvendo lentamente por sentirem alguma dificuldade. Essas estão entusiasmadas e merecem confiança — mesmo que ainda não tenham resultados —, porque demonstram interesse genuíno e fidelidade. Nos referimos àquele Distribuidor que permanece indeciso, apesar do seu tempo e esforço. Você já tentou de tudo para colocá-lo em movimento e não funcionou. Foram várias reuniões de acompanhamento estabelecendo metas e nada. Só desculpas enfraquecedoras de alguém que não sabe o que quer, atrapalhando o seu desenvolvimento, em uma fase crucial do negócio. Sofrer pelos outros tem limite!

Até chegar à primeira qualificação de liderança dentro do sistema, nada (absolutamente nada) pode desviar o seu foco.

Você precisa crescer o mais rápido que puder, porque esse impulso determinará o seu ritmo do crescimento no futuro. Quanto mais veloz você for agora, mais significativo será o seu exemplo e mais confiança terá para superar os próximos desafios. Ascendentes e descendentes serão influenciados por isso, gerando condições favoráveis ao desenvolvimento do seu negócio.

Que venha o próximo

Não espere por ninguém. Você lidera este grupo e deve escolher bem seus aliados.

Se um Distribuidor não quer fazer o negócio como deve ser feito, procure outro. O que não faltam são pessoas interessadas em uma oportunidade para mudarem de vida, Multiplicando Bem-Estar.

Em paralelo, adote uma estratégia diferente com o Distribuidor indeciso. Seja educado e cordial quando estiverem juntos, mas comece a tratá-lo com alguma indiferença. Converse menos, evite falar sobre sonhos, planejamento de metas ou qualquer outro assunto que vise motivá-lo para o negócio. No lugar de insistir para que ele vá ao próximo evento, apenas comunique data, horário e local. Pare de questionar sobre a lista de nomes e contatos. Espere que ele venha procurá-lo quando quiser. Talvez você se surpreenda com o efeito que isso pode causar.

Alguns Distribuidores vão desistir, mas é provável que outros despertem com uma nova postura. Após algum tempo, percebendo que não estão mais no centro das atenções, eles podem sentir falta do seu acompanhamento e descobrir que estão perdendo uma excelente oportunidade. Quando começarem a sentir saudades dos eventos e das pessoas, voltarão com mais iniciativa porque, enfim, tomaram a decisão de fazer o negócio.

Na verdade, eles só estavam acomodados. Pensavam que você dependia deles e que faria de tudo para mantê-los ativos. A sensação de perda que o seu afastamento causou foi o estopim para que refletissem melhor sobre o significado disso em suas vidas e alinhassem os seus pensamentos com a realidade.

Mudança de postura

O caso que descrevemos aqui é muito comum em outros relacionamentos, seja no trabalho ou na vida pessoal.

Quantas vezes um casal precisa "dar um tempo" para que uma das partes comece a dar mais valor à outra? Quantos voltam com mais força após experimentarem um período de separação? E o empresário que aumenta o salário do colaborador após esse receber uma proposta melhor da concorrência? E o vendedor que dá desconto quando você ameaça não comprar? Sensação de perda muda a postura das pessoas nas relações.

Por tudo isso, evite mimar seus Distribuidores. Se eles querem fazer este negócio, devem demonstrar interesse, comprometimento e esforço. Caso contrário, siga o seu destino e deixe-os livres para se decidirem.

Você é como um rio que sabe aonde vai chegar. Qualquer pessoa pode se influenciar pela correnteza, mas nada te desviará do seu caminho.

Seja o próximo líder

Quem se determina a desenvolver sua própria distribuição de base domiciliar, ilimitada e milionária, deve agir como um verdadeiro líder desde o começo. Virtudes como iniciativa, determinação e proatividade são fundamentais. Afinal, o maior ativo do seu negócio é você mesmo.

Prepare-se para ocupar uma nova posição. Não espere que os seus ascendentes peçam ajuda. Antecipe-se. Faça a diferença! Aproveite qualquer oportunidade para mostrar valor e comprometimento com a causa.

Chegue antes nos eventos, ajude na organização e no controle de presenças. Você pode cuidar do som, dos convites ou recepcionar os convidados com simpatia.

A pior coisa que não se deve fazer é chegar em cima da hora e agir como se fosse responsabilidade dos outros, porque de fato não é.

Um verdadeiro líder entende que a sua participação, por mais simples que seja, contribui para o resultado final da equipe.

Quando terminar a apresentação, não vá embora logo. Ajude a arrumar o local e ofereça qualquer ajuda aos organizadores. Esteja sempre presente, com atitude positiva e profissionalismo. Isso fará sua linha ascendente te reconhecer como líder potencial e não mais como um Distribuidor iniciante comum.

A cúpula dos 10% melhores

Queira impressionar os líderes e conquistar o máximo de apoio que puder. Quanto mais eles gostarem de você, mais tempo de qualidade estarão dispostos a dedicar para treinar e ajudar a sua equipe a se desenvolver. Vender, indicar, patrocinar e gerar um bom volume de negócios é o mínimo que qualquer Distribuidor comprometido com o negócio deve fazer, mas você pode ir além. Tem que estar na cúpula dos 10% melhores.

Comece tornando-se o braço direito do primeiro Qualificado ascendente. Mostre a ele que você quer aprender o que ele faz para que ambos cresçam juntos.

Quando o seu líder alcançar o próximo estágio dentro deste negócio e assumir novas atribuições, você já estará a postos, preparado para ocupar seu lugar. Faça-o notar que você é diferente da maioria e que está com ele para o que der e vier.

Entenda o significado disso. Coloque-se no lugar do seu líder e imagine quando você tiver um Distribuidor iniciante na sua equipe, entusiasmado e comprometido com o negócio, disposto a contribuir com o crescimento do grupo. Ele não reclama nem questiona. Faz o que é sugerido e quer aprender com você. Isso é bom? Quantos têm essa atitude? Você o trata como um Distribuidor comum ou sente um desejo sincero de ajudá-lo a se desenvolver?

Repare que isso vai acontecer em todos os estágios do seu desenvolvimento. Seja qual for o grau de liderança, apenas uma minoria dos Distribuidores terá esse tipo de atitude. São os líderes com quem se pode contar. Mas a confiança é uma via de mão dupla.

Para tornar-se confiável, você deve confiar primeiro. Honre a confiança que seus ascendentes depositarem em você. É isso que fortalece os vínculos de amizade e companheirismo, tão valiosos nessa jornada.

Algumas pessoas confundem confiança com bajulação e passam a seguir os líderes por todo lugar. Falam que fazem e acontecem, mas na hora "H" adotam uma postura passiva, omissa e subordinada. Tome cuidado com isso. Não basta estar presente, é fundamental ser útil e agir conforme o esperado. Ofereça e entregue soluções. Caso contrário, em vez de um líder potencial, você será visto como um peso inconveniente.

Você tem que correr

Considere também que nada disso substitui os resultados. Não adianta ser prestativo e conviver com os líderes, se não for capaz de cumprir as próprias metas de crescimento. Só temos uma chance de causar uma primeira boa impressão, lembra?

Uma vez que tenha entrado na cúpula dos 10% melhores, tenha certeza de que você enfrentará desafios maiores e precisará superar seus limites. É como pegar uma via expressa. Para estar com a elite, tem que correr!

O lado ótimo dessa história é que você usufrui de condições mais favoráveis que os demais Distribuidores. O aprendizado é mais rápido e o entusiasmo vai às alturas, permitindo que o seu desempenho seja muito acima da média. É como se você pegasse o vácuo de um Fórmula 1. Além disso, os Distribuidores da sua equipe são influenciados pelo seu exemplo e também buscam um lugar na cúpula dos 10% melhores.

Na prática, funciona da mesma forma em qualquer outra organização. Dentro das empresas, igrejas e comunidades em geral, há sempre um núcleo de pessoas que se mantém em torno dos líderes e acaba se beneficiando disso. Não se trata de favorecimento. É uma questão de proximidade e afinidade, e pode ser conquistada por qualquer um.

Em última instância, cabe a você tornar-se uma figura simpática e indispensável na equipe.

"Não espere que os seus ascendentes peçam ajuda. Antecipe-se. Faça a diferença! Aproveite qualquer oportunidade para mostrar valor e comprometimento com a causa."

PARTE 4

QUALIFICADO: SEJA EXEMPLO PARA A EQUIPE!

O desempenho de uma equipe tem pouco a ver com o contexto e muito a ver com a atitude da liderança.

O seu DNA

Parabéns! Você alcançou o primeiro degrau de liderança dentro da empresa, gerando um volume de vendas considerável. Sua distribuição funciona e serve de modelo para outras pessoas desenvolverem este negócio profissionalmente, Multiplicando Bem-Estar.

A partir de agora, você tem novas atribuições. A responsabilidade é muito maior, pois você assumiu a liderança do seu grupo.

Até aqui, o referencial da equipe ainda era o seu primeiro Qualificado ascendente. Porém, é você quem está no foco agora. Se antes ser um bom exemplo era importante, a partir deste momento é indispensável.

> Você é a matriz que será duplicada, a célula reprodutiva. Tudo o que fizer terá efeito sobre a conduta do seu grupo. É o seu DNA que determinará a velocidade, o humor e as demais características desse organismo independente.

Exemplo é a palavra de ordem. Você é o primeiro Qualificado do grupo. Se promover os eventos e estiver lá, ajudando a organizá-los, terá Distribuidores da sua equipe mais comprometidos, colaborando também. Se não fizer isso, a maioria entenderá que não é tão importante, deixando de participar e se desenvolver. Se promover treinamentos de produtos, serviços, vendas e indicações, sua organização produzirá volumes de negócios generosos. Se focar somente em ativação mínima e patrocínios, a produção média reduzirá na mesma proporção. Se for negativo e reclamar das imperfeições da vida, multiplicará Distribuidores rabugentos e sem foco. Se encarar as adversidades como estímulos para buscar a excelência no que faz, formará líderes com melhor atitude, entusiasmados rumo ao sucesso.

O DNA predomina

É fascinante observar como um líder transmite seu DNA para a equipe como se fosse um organismo vivo. Hábitos, modos de se expressar, interpretações e até os trejeitos podem ser transmitidos por meio da convivência frequente.

Aliás, esse fenômeno não é exclusivo do nosso negócio. Dentro de qualquer comunidade, seja ela reunida por afinidades sociais, culturais ou filosóficas, observamos que uma boa parte dos membros espelha o comportamento dos seus líderes. Isso acontece dentro do nosso núcleo familiar, nas igrejas, nas torcidas, nas tribos e em qualquer grupo de pessoas que mantêm contato regular. Na sua equipe, não seria diferente.

Por esse motivo, encontramos situações muito curiosas neste negócio. Enquanto um grupo de pessoas reclama que os itens vendidos são caros, que os eventos são barulhentos e que está difícil patrocinar, outro grupo — da mesma empresa e na mesma cidade — cresce como um foguete, com pessoas entusiasmadas e comprometidas. O mais incrível é que esse efeito acontece muito rápido. Em ambos os grupos, encontramos Distribuidores experientes e iniciantes espelhando o DNA dos líderes.

O desempenho de uma equipe tem pouco a ver com o contexto e muito a ver com a atitude da liderança.

Mutações perigosas

Até quando o Qualificado inventa um novo padrão, diferente daquele promovido pela empresa e pelos ascendentes, o DNA é transmitido. Em vez de duplicarem o novo padrão criado pelo líder, duplicam a característica de "negar o padrão", inventando estratégias mirabolantes e independentes. O resultado é qualquer coisa menos trabalho em equipe. E as consequências são as piores possíveis.

Outra situação bastante comum ocorre quando o líder fala mal dos ascendentes. Em pouco tempo, a sua organização espelha este comportamento e fala mal dele também.

Isso é o que acontece, por exemplo, quando um líder tenta desenvolver duas distribuições paralelas, em empresas diferentes. Além de perder o foco, sua organização se transforma em uma feira livre.

Muitos exemplos poderiam ser citados aqui, mas o importante é perceber o quanto as atitudes do líder afetam a conduta dos seus Distribuidores. Por isso, seja íntegro, coerente e dedicado. Antes de inventar qualquer coisa, peça conselhos para quem tem mais experiência no negócio.

Se você for humilde e seguir o padrão de sucesso duplicado pela companhia e pelos líderes, as chances da sua organização vingar aumentam bastante. Se respeitar a hierarquia das qualificações e pedir conselhos aos ascendentes, seus Distribuidores farão o mesmo em relação a você. Se for solidário e ajudar os líderes a organizarem o próximo evento, os Distribuidores também serão proativos e parceiros no futuro.

Se você se alinhar com a estratégia particular do grupo com esse DNA original sintetizado a partir da experiência de muitos líderes bem-sucedidos ao longo dos anos, você poupará tempo e dinheiro. Faça bem feito o que deve ser feito. Não invente!

Caráter é segurança

Outro efeito do DNA está relacionado ao caráter dos Distribuidores que compõem a equipe. Por mais que este negócio seja democrático e acessível a qualquer pessoa, verificamos que os grupos se formam e se desenvolvem atraindo semelhantes.

Dentro da mesma empresa, na mesma cidade, observamos que cada organização espelha os valores éticos e morais de seus líderes. Isso tem a ver com identificação.

Quando um grupo é liderado por um líder carismático, disposto a ajudar as pessoas e promover bons valores, atrai pessoas com o mesmo perfil e repele aqueles que colocam o dinheiro em primeiro lugar. Os convidados e Distribuidores com maior identificação permanecem, enquanto os outros sentem desconforto e se afastam.

O mesmo acontece na situação oposta. É muito difícil ser ético, agir com correção e ajudar os outros em um grupo liderado por pessoas que não têm escrúpulos. A seleção natural ocorre nos dois casos. A diferença é que os relacionamentos do segundo grupo sempre são corroídos pela inveja, deslealdade e traição entre os membros.

Observe a conduta dos seus liderados e tome cuidado com aqueles que apresentam desvios de caráter. Eles podem contaminar a equipe, promovendo valores deturpados e prejudiciais à sustentabilidade do negócio no futuro.

A vantagem é que agora você está em destaque e o seu DNA prevalece. Atuando com entusiasmo, ética, responsabilidade, disciplina, foco, companheirismo, eficiência, produtividade, otimismo, dignidade, honra, honestidade, verdade, competência e determinação, você atrairá e desenvolverá melhores parceiros de negócio, repelindo os parasitas.

A organização de uma liderança íntegra é sempre mais estável porque multiplica bem-estar.

Você tem que estar presente

Se estar presente nos eventos da sua empresa, antes de se qualificar, ainda era uma opção, agora não tem mais jeito. Você só vai continuar crescendo e fortalecer o seu referencial de liderança quando estiver lá participando dos eventos (presenciais ou virtuais) da organização. Caso contrário, o DNA não se propaga e tende a transmitir a mesma instrução de isolamento para os descendentes, originando um grupo que não se relaciona e não trabalha em equipe.

Nesta fase do negócio, estar presente é muito mais do que levar convidados ou aprender técnicas novas. O seu foco atual não é mais expandir lateralidade nem aprender o básico que você já sabe de cor e salteado. Sua participação é mais determinante no acompanhamento dos descendentes em profundidade (e dos convidados deles), que devem ter você como exemplo a ser duplicado.

Quanto mais presente você for nessa fase, maiores as chances de estabelecer vínculos de confiança, amizade e companheirismo, elementos fundamentais para o desenvolvimento de novas lideranças no seu grupo.

É essa convivência que fortalecerá a parceria entre vocês, de modo que seus líderes potenciais lhe deem a permissão para ajudá-los com metas e avaliação de progressos. Sem isso, você terá pouca abertura e, o que é pior, será visto como alguém distante, oportunista, interessado apenas em aproveitar-se do trabalho deles.

Presença de espírito

A participação frequente e efetiva nos eventos é talvez o elemento chave que diferencia os Distribuidores comuns dos líderes. Mas não adianta estar apenas fisicamente se não tiver "presença de espírito". Sua influência será mais significativa à medida que participar do evento como organizador, palestrante ou apoio. Seja solidário e atencioso com todos. Sorria! Ajude a criar um ambiente acolhedor!

Chegue antes para recepcionar os Distribuidores e os convidados deles. Oriente-os sobre o melhor lugar para acompanharem a apresentação e aproveite esse tempo para quebrar o gelo. Crie empatia. Pergunte a eles o que fazem e o que esperam realizar na vida. Mostre que está confiante com o negócio e que eles serão bem-vindos na equipe, se estiverem interessados em multiplicar bem-estar. Esse envolvimento vale ouro!

A sua presença deve ser vista como algo positivo antes, durante e depois das apresentações.

Ao final, ajude seus Distribuidores no acompanhamento dos convidados. Seja objetivo e marque um treinamento com os novos membros da equipe. Organize a agenda da semana com reuniões domiciliares, contatos e outros eventos.

Nos casos de patrocínios à distância, você pode formar grupos temporários e realizar chamadas triangulares para desenvolver esses vínculos com seus descendentes, mostrando o quanto está comprometido com o sucesso deles.

A maioria dos líderes mantém páginas ou grupos nas redes sociais, onde divulgam fotos, agenda de eventos, arquivos de trabalho e outras informações relevantes para seus times.

Seja pessoalmente ou por meio dos recursos tecnológicos de que dispomos, você deve estar presente no dia a dia dos Distribuidores. É fundamental que eles cultivem uma imagem positiva a seu respeito para que você conquiste o direito de apoiá-los.

Construindo relações duradouras

A essa altura do negócio, você já consegue prospectar e patrocinar com alguma facilidade. Porém, deve ter percebido que isso não significa muita coisa. Atrair pessoas e convencê-las a fazer um cadastro é relativamente fácil. O principal desafio é envolver, reter e desenvolver os novos Distribuidores por tempo suficiente, até que se tornem líderes do sistema.

Se você é um exímio recrutador, mas não consegue manter os Distribuidores por mais de três meses, terá dificuldade em continuar crescendo a partir de agora. Isso porque, enquanto não formar uma base sólida de lideranças, terá que reconstruir sua organização do zero inúmeras vezes. É como se tentasse edificar um castelo empilhando tijolos, mas sem colocar cimento entre eles. Sua construção fica vulnerável.

O sucesso de uma distribuição depende de relações duradouras. As pessoas que estão com você hoje devem continuar juntas por vários anos, até desenvolverem as habilidades de liderança que serão exigidas mais tarde. Elas precisam confiar em você, acumular conhecimentos e experiências para cuidarem da organização com autonomia e com a mesma competência que você tem. É isso que te permitirá crescer com segurança.

> É melhor se dedicar ao acompanhamento e à formação dos descendentes do que trocá-los. Não precisamos de quantidade, e sim de qualidade para duplicar.

Complete o ciclo ensinando os consultores a vender, indicar, patrocinar e treinar. Somente quando tiver treinadores com resultados em um grupo, que esse grupo estará seguro. Explore o veio de ouro até o fim. Otimize tempo e esforço no lugar de fazer as coisas pela metade.

Empatia e confiança

Uma das atribuições fundamentais do Qualificado é acolher os novos descendentes da melhor forma possível transmitindo empatia e confiança. Muitas vezes, os Distribuidores que os patrocinaram são inexperientes e não envolvem os novatos como deveriam. Além disso, não têm a mesma atitude que você em relação ao negócio, pelo fato de ainda estarem aprendendo o básico.

Seus Distribuidores não estão preparados para ensinar o que não sabem e não servem de exemplo para algo que ainda não fizeram.

Para melhorar o aproveitamento da equipe, assuma o papel de construir relações duradouras. Quando souber que um novo descendente foi patrocinado, pegue o contato e envie uma mensagem de boas-vindas. Apresente-se como alguém com quem ele pode contar e fale sobre a experiência maravilhosa de desenvolver este negócio.

Edifique a linha ascendente (em especial o primeiro Top) e diga que todos desejam conhecê-lo no próximo evento. Conte que você e o patrocinador dele têm uma parceria de sucesso, que ele está na melhor equipe, enfim, quebre o gelo e deixe o novo Distribuidor com a sensação de que vocês serão bons amigos daqui por diante, porque é isso que deve acontecer.

Pouco importa se ele é um descendente ligado a você ou em profundidade. Se não existir nenhum outro Qualificado entre vocês, a responsabilidade é sua.

Depois de criar essa primeira aproximação, certifique-se de que vocês serão apresentados no próximo evento e mantenha contato pelo menos uma vez por semana. Em vez de esperar que o patrocinador dele promova o próximo treinamento, diga o quanto isto será determinante para os seus resultados. Como Qualificado, o seu poder de convencimento é muito maior e as chances de que ele participe do treinamento aumentam consideravelmente.

As primeiras duas semanas

Durante as primeiras duas semanas do novo Distribuidor, você deve construir esta relação de amizade por meio de mensagens e encontros nos eventos da companhia. Aproveite sempre para edificar os ascendentes que ele ainda não conhece, deixando-o ansioso pela oportunidade de encontrá-los. Neste período, é importante conhecer os familiares mais próximos (esposa, marido, pais e filhos) para ajudar o novato a vencer qualquer resistência. Afinal, ninguém pode dizer que o negócio não funciona, porque você já é um Qualificado e já tem resultados para mostrar.

Em paralelo, converse bastante com o patrocinador dele confiando responsabilidades. Avise que você não estará disponível o tempo todo e que ele precisa ser exemplo para o novo Distribuidor que acabou de chegar. Isso é crucial para aumentar o comprometimento entre vocês e para ajudá-lo a amadurecer como líder.

O mais interessante é que, durante esse período de transição, você ajudará o novo Distribuidor a patrocinar algumas pessoas. Então, você desce para apoiar os novatos que acabaram de chegar e repete o processo, ensinando como duplicar com qualidade.

Assim, você constrói raízes muito sólidas, porque cria vínculos de amizade e ensina as técnicas do negócio naturalmente.

Em pouco tempo, todos estarão seguindo seus passos e formando uma organização coesa sob a sua liderança.

Foco na formação de lideranças

Até se tornar um Qualificado, o Distribuidor deve focar nos próprios resultados de vendas, indicações e patrocínios, com o objetivo de tornar sua célula produtiva o quanto antes. Qualquer outra preocupação nesta fase do negócio, além de inútil, é prejudicial, porque desvia a atenção do que precisa ser feito. Qualificar-se rápido e com o mínimo de desgaste é um fator determinante para colocar sua distribuição em funcionamento. Contudo, quando você alcança a primeira qualificação de liderança dentro do sistema, o foco precisa mudar.

Um Qualificado não pode mais continuar olhando para o próprio umbigo, porque isto significaria estagnação.

Você já tem uma célula produtiva e, por mais que se esforce para melhorá-la, não chegará muito longe sem equipe. O que precisa fazer agora é duplicar o que aprendeu, formando novas lideranças tão capazes quanto você.

Para a organização se desenvolver, é fundamental transferir o foco para os Distribuidores que já patrocinou. A partir de agora, a sua meta é fazê-los se qualificarem também, duplicando o que você fez.

Mantenha a sua célula produtiva realizando vendas, indicações e patrocínios (até porque o lucro de venda continua sendo um recurso valioso para reinvestir no negócio), porém a maior parte do seu tempo deve ser dedicada ao acompanhamento dos Distribuidores interessados, com o objetivo de formá-los como líderes.

Visão e comprometimento

Como formar novos líderes? Em primeiro lugar, liberte-os da visão limitada e subordinada. Faça-os sonharem com um futuro melhor e acreditarem que é possível.

Visão é o que gera entusiasmo e comprometimento. Sem ela, qualquer sacrifício parece não valer a pena.

Um verdadeiro líder não precisa de estímulos externos para fazer o que precisa ser feito porque é inspirado por um propósito de valor e define corretamente sua ordem de prioridades. Ele sabe que a recompensa virá e que o esforço necessário para se desenvolver é para o seu próprio bem.

O maior desafio que você enfrentará nessa fase é conquistar a confiança de seus Distribuidores, provando que o interesse em ajudá-los é sincero. Eles precisam perceber que você não está focado apenas em seus benefícios e que eles não estão sendo usados. Somente desta forma, conseguirá também inspirá-los pelo seu exemplo.

Na prática, estamos repetindo o que já foi dito até aqui. A diferença é que antes o foco estava em você e agora são eles que estão no centro das atenções. Será que o Marcos quer mesmo conquistar a liberdade financeira? A Cláudia já assumiu o controle sobre o próprio destino? O João acredita que este mercado é fantástico? O Fábio sabe aonde quer chegar? A Gabriela definiu suas prioridades? O Daniel escreveu sua missão pessoal no papel? O Antônio sabe a diferença entre profissionais e amadores? A Érika tomou a decisão que vale uma vida? O Renato está disposto a ser o melhor aprendiz? O Francisco está se divertindo? Todos estão determinados a serem os próximos líderes? Todos querem desenvolver suas próprias distribuições de base domiciliar, ilimitadas e milionárias?

Paixão pela causa

Como você já deve ter notado, não se trata apenas de saber vender, de ter o melhor catálogo ou plano de marketing. Tudo isso é necessário, mas não vale nada se o sentimento de liderança não arder dentro do peito de cada um, se a relação de confiança entre vocês não for total e se a determinação para alcançar a próxima qualificação não for a prioridade Nº 1 dos seus descendentes!

> Formar novas lideranças não é ensinar técnicas, e sim despertar paixão pela causa. Todo o resto se aprende com o tempo. E ganhar dinheiro é consequência.

O foco do Qualificado deve ser desenvolver pessoas melhores, mais felizes, íntegras, responsáveis, profissionais, companheiras, determinadas, otimistas, livres, confiantes, confiáveis, solidárias, tolerantes, capazes, entusiasmadas, concentradas e mais uma lista infindável de qualidades que despertam respeito e admiração. Uma vez respeitadas e admiradas, serão bem-sucedidas neste ou em qualquer outro negócio.

Em um de seus livros[8], Randy Gage, um dos maiores treinadores de Marketing de Relacionamento no mundo, descreveu bem o que é ser Top:

"(...) é criar uma cultura de integridade, ensinar princípios e habilidades que geram consistência e desenvolvem o caráter (...) O seu sucesso não virá por mudar os outros, mas por mudar a si mesmo. (...)".

Tudo começa em você. Não adianta apenas ter um discurso bonito. É fundamental que as suas atitudes como líder sejam sinceras, porque o caráter e os interesses de cada um são percebidos sutilmente. Ninguém se aproxima ou mantém contato por muito tempo com pessoas que não inspiram confiança. O mesmo acontece com você e com o seu grupo.

Questão de confiança

Algumas pessoas me questionam o motivo de não conseguirem formar lideranças neste negócio. Elas dizem que são obrigadas a reconstruir suas bases o tempo todo, mesmo seguindo o padrão à risca. Sim, elas fazem tudo certo, mas só estão interessadas no dinheiro. Querem montar uma equipe mantendo o foco em si mesmas, nos resultados e nas recompensas que desejam conquistar. São egoístas. Isso transparece nas ações e repele qualquer Distribuidor do seu convívio.

> O caminho para formar lideranças é estar junto, comprometer-se com o sonho do outro e não poupar esforços para desenvolvê-lo.

Isso gera um sentimento de gratidão que não tem preço e estimula a fidelidade na relação. Mesmo que os resultados demorem um pouco mais para aparecer e que a concorrência seja agressiva, se houver respeito e admiração, o Distribuidor continuará caminhando na mesma direção com você.

É como na formação de um filho. O mais importante é criar uma relação duradoura de confiança e estimular a busca pelo desenvolvimento. Todo o resto se aprende com o tempo.

Quando escrevi "Pai-Líder"[9], a intenção era transmitir as lições de liderança que aprendemos dentro de casa para este negócio:

"(...) O pai investe o melhor de si na formação dos filhos, respeitando o tempo necessário para o seu amadurecimento. Em cada fase da vida, ele transmite a dose certa de ensinamentos, inspirando pelo bom exemplo e incentivando novas descobertas. O pai está sempre ao lado do filho, protegendo e exalando confiança. (...)"

Multiplicando líderes, o seu crescimento será explosivo!

Acompanhamento de metas

Você precisa ajudar alguns Distribuidores a se desenvolverem como líderes, mas nada de concreto acontecerá sem um mínimo de organização e disciplina. Portanto, é fundamental transformar isso em um projeto conjunto.

Em primeiro lugar, identifique quem são os Distribuidores mais interessados em se comprometerem com você neste empreendimento. Quem está disposto a trabalhar em parceria? Quem deseja aprender como se faz este negócio e não poupará esforços para chegar lá? Se nenhum dos Distribuidores atuais demonstra o mesmo grau de interesse que você, continue prospectando até encontrar um líder em potencial. Talvez o seu braço direito surja na segunda, quinta ou vigésima geração. O que importa é encontrá-lo!

Uma vez que se estabeleça uma relação de confiança entre vocês, o crescimento dele passa a ser um projeto de ambos. Mostre que tem interesse de apoiá-lo porque o sucesso neste negócio depende de ajudar outras pessoas e que ele está no seu foco agora. Deixe claro que você acredita que juntos poderão crescer mais rápido. Ofereça apoio, mas verifique se a parceria é correspondida antes de definir qualquer estratégia.

Repare que a relação de apoio não pode ser imposta, tem que ser conquistada na base da confiança, já ninguém é subordinado aqui.

Nenhum Distribuidor da equipe é obrigado a cumprir metas estabelecidas pelos ascendentes nem prestar contas sobre qualquer atividade realizada, pois todos são independentes neste negócio.

É fundamental que esta relação de parceria fique clara para que o Distribuidor coopere e busque as metas estabelecidas em comum acordo. Vocês estão no mesmo barco e devem remar no mesmo sentido. Caso contrário, você perderá tempo e dinheiro tentando carregar os outros nas costas e sairá frustrado com os resultados.

Necessidades e expectativas

Encontrou o seu braço direito? Então, é hora de definir objetivos. Converse com ele sobre os sonhos dele e descubra suas necessidades e expectativas. O que ele deseja alcançar? Em quanto tempo? Verifique se a ideia que o seu parceiro tem deste negócio é ilusória, se ele pensa que alcançará resultados impossíveis, seja transparente. Mostre que talvez leve um pouco mais de tempo e que não adianta se precipitar. O discernimento é sempre bem-vindo se vier acompanhado de confiança e otimismo.

De posse desses dados, mostre ao parceiro que os resultados desejados por ele dependem de uma determinada produtividade. Faça algumas simulações de ganhos com comissões e bônus sobre o volume de negócios da equipe até chegar aos resultados esperados. Observe que os ganhos de curto prazo exigem maior enfoque em vendas, indicações e patrocínios, mas que a liberdade financeira só virá com um bom trabalho em equipe.

Não faça parecer mais fácil do que realmente é. Mostre que existem riscos e situações desagradáveis que vocês terão que superar juntos, mas que vale a pena. Ninguém jamais realizou algo de valor sem uma dose de sacrifício e você estará ao lado dele para o que der e vier.

Esse primeiro diálogo franco com o Distribuidor é vital, pois é dessa forma que se estabelece um plano de trabalho eficiente. É preciso enxergar os números e definir as metas em função deles.

Pronto, agora vocês já podem montar uma projeção de vendas, indicações e patrocínios para os próximos três meses.

Planejamento cíclico

Quantas vendas, indicações e patrocínios o Distribuidor tem feito? Até que ponto é interessante melhorar o volume pessoal? Ele precisa aumentar os ganhos imediatos ou está mais interessado nos resultados de longo prazo? Em função do perfil do Distribuidor, oriente-o a buscar metas pessoais mais arrojadas. Observe também o número de horas que ele pode investir no desenvolvimento deste negócio.

Em paralelo, analise a equipe dele e mostre como deve equilibrar patrocínios e acompanhamentos. Quantas pessoas estão comprometidas com o projeto? Com quem ele pode contar? Como está o nível de satisfação de cada um? Ele precisa focar na prospecção de novos Distribuidores? Ou já abriu um número suficiente de diretos e agora precisa aprofundar, formando novas lideranças? Qual a taxa de crescimento necessária para alcançar aqueles resultados de bônus no tempo esperado? 10, 30, 50%? De que forma esse grupo deve se desenvolver?

Quantas pessoas ele tem levado aos eventos da companhia? Calcule quantas pessoas devem estar lá no próximo mês de acordo com a taxa de crescimento desejável.

Sempre estabeleça a meta de pessoas ativas no próximo evento, pois esse é o indicador mais seguro sobre a multiplicação de líderes no negócio.

Quem participa dos eventos tem mais chances de evoluir, aprender as técnicas e se comprometer com o sistema.

Em todo caso, o mais importante é criar um plano de trabalho cíclico a partir daí. Uma vez por mês, vocês devem conferir o cumprimento das metas, planejar a agenda comum e projetar os meses seguintes, de modo que o crescimento do Distribuidor seja acompanhado de perto. Reserve alguns horários para apoiá-lo em reuniões domiciliares e treinamentos, demonstrando que o seu empenho é equivalente ao dele.

Para garantirem melhores resultados, vocês podem se falar várias vezes por semana, verificando se a estratégia traçada vem surtindo os efeitos desejados ou se precisa ser corrigida.

Fazendo o meio de campo

Como Qualificado, sua posição é intermediária. Ao mesmo tempo em que é o responsável direto por ensinar e acompanhar o desenvolvimento dos Distribuidores que estão na base da organização, cuidar dos eventos e servir de exemplo, também cabe a você preservar os Tops, mantê-los informados sobre os acontecimentos mais relevantes, bem como divulgar e promover as estratégias definidas com eles para o grupo.

> Você é o elo de comunicação entre a base e o topo da organização. É você quem distribui as informações e administra os relacionamentos, mantendo a equipe unida e entusiasmada na direção correta.

Você exerce uma função de vital importância, devendo ser responsável, confiável e seguro.

Promova a empresa, os itens do catálogo, a linha ascendente, os eventos e o material de apoio. Use e promova as ferramentas disponíveis. Cada uma delas exerce uma função dentro do sistema desenvolvido pela empresa. As ferramentas ajudam a manter a coesão do grupo e trabalham pelo líder, multiplicando os resultados. Pelo mesmo motivo, promova o próximo evento como se fosse único. Os eventos trabalham para os líderes, entusiasmando e ensinando a equipe. Lembre-se: os maiores promotores crescem mais rápido!

Durante essa fase do negócio, qualquer erro pode comprometer gravemente a sua imagem e os resultados. Por isso, é fundamental enxergar o quadro completo, ser justo, imparcial, ético e objetivo.

Você deve lidar com as situações com discernimento e serenidade para não aumentar os problemas nem parecer indiferente.

Autonomia e segurança

Não mime seus Distribuidores. Como Qualificado, você deve orientá-los quanto à melhor solução para cada caso, mas eles são responsáveis por resolverem os próprios problemas. A princípio, isso pode soar um pouco duro, mas é necessário que seja assim. O maior ensinamento que você pode oferecer a eles é sobre autonomia. De outra forma, eles se acomodarão e você não fará outra coisa a não ser apagar incêndios.

Como principal referencial de liderança da equipe, você também é o porta-voz de toda e qualquer decisão estratégica que venha a afetar a condução do negócio. A clareza e o tom com que apresenta essas decisões influencia os resultados.

> Você precisa se comunicar com firmeza, transmitindo profissionalismo, segurança e credibilidade, com um enfoque positivo.

Além disso, você é quem recebe e filtra as críticas e sugestões que vêm da base. Caso um Distribuidor tenha qualquer dificuldade operacional com a empresa, seja com a entrega, pedidos ou pagamentos, você deve orientá-lo sobre a melhor forma de, com o mínimo de ruído para o grupo, fazer valer seus direitos e solucionar aquele problema particular.

A edificação é outra função do Qualificado. Você deve promover a imagem e a história dos líderes ascendentes para que os novos Distribuidores queiram conhecê-los. Assim, no próximo evento em que tiverem a oportunidade de ouvi-los, estarão mais receptivos e poderão aproveitar melhor seus ensinamentos. Da mesma forma, quando surgirem novos Distribuidores com potencial de liderança no grupo, você deve edificá-los junto à linha ascendente para que sejam reconhecidos por merecimento.

O Qualificado deve ser, antes de tudo, um ótimo exemplo.

> Tudo o que você fizer durante esta fase será copiado pelos líderes da próxima geração, e assim por diante.

Como você quer que os Qualificados administrem sua organização quando você for um Top? Você quer que eles te edifiquem? Que transmitam as estratégias com fidelidade? Ou ficará feliz se fizerem o negócio de qualquer jeito? Quer que eles te bombardeiem com problemas menores ou que sejam capazes de resolvê-los com sabedoria, sem te envolver diretamente? Qual o grau de confiabilidade que espera dessas relações?

Da mesma forma, você deve honrar a confiança depositada pelo Top em você, cumprindo bem este papel intermediário.

Em cima do palco

Eu não sei qual é a sua formação nem o que fazia antes de iniciar este negócio, mas não há como desenvolver sua própria distribuição de base domiciliar, ilimitada e milionária sem se tornar um bom orador. Isso porque você terá que liderar uma organização com centenas ou talvez milhares de pessoas e não conseguirá fazer isso individualmente. A única maneira de comunicar estratégias e fortalecer a sua imagem como líder ao longo do tempo será por meio de aparições regulares (e inspiradas) nos eventos presenciais e online.

Talvez lhe digam que outras pessoas farão isso por você e que falar em público é opcional. Porém, se você realmente quer cuidar do seu negócio, sugiro que assuma o controle desse departamento.

> Ser exemplo é um dos pilares deste sistema e você somente será respeitado como líder quando souber treinar sua equipe. A segurança futura dependerá 100% disso também.

Algumas pessoas morrem de medo de falar em público e tendem a pensar que este negócio não é para elas. Contudo, não apenas aqui, como em qualquer profissão, saber se comunicar e liderar são qualidades muito requisitadas. Vale a pena se esforçar para vencer esses limites e tornar-se um profissional melhor. Em vez de dizer que não sabe, pense que esta é a maior chance de aprender. Afinal, temos a melhor escola de liderança do mundo à disposição!

Este sistema é tão inteligente que ninguém precisa ser um expert para começar. Os treinamentos, a prática do dia a dia e as diferentes etapas que devemos cumprir para desenvolver este negócio servem como preparação para voos cada vez mais altos.

É um processo contínuo de aprendizado que forma um Top. O desenvolvimento como orador segue o mesmo princípio e todos passam por isso antes de chegar lá.

Referencial de liderança

Acalme-se. Sua estreia não acontecerá diante de uma plateia com milhares de pessoas na convenção anual da companhia. Tudo tem a sua hora. Esperamos que isso aconteça daqui a alguns anos, mas você deve se preparar desde já para não fazer feio quando sua liderança for exigida.

Até agora, suas principais atribuições eram vender, indicar, patrocinar e fazer um bom acompanhamento. Como Qualificado, porém, é necessário assumir outras responsabilidades.

Você já desenvolveu uma célula produtiva e serve de referencial para que outras pessoas façam o mesmo. Além disso, o grupo está crescendo e nem todos te conhecem direito.

Para conquistar a confiança da equipe e duplicar sua distribuição em larga escala, só existe uma forma: tornar-se um referencial de liderança.

Antes de subir ao palco como orador, você já pode ensaiar algumas aparições rápidas, comentando as primeiras conquistas, testemunhando sobre os benefícios dos itens comercializados, transmitindo recados, apresentando o palestrante da noite, sendo o mestre de cerimônias, enfim, todas essas situações servem para te preparar melhor, para um dia subir ao palco como um Top admirado por todos.

Comece a praticar diante do espelho, em reuniões domiciliares ou em pequenos grupos para perder a vergonha e ganhar confiança. Quanto mais rápido você treinar, mais rápido aprenderá a fazer. Deixe a timidez de lado e aproveite qualquer oportunidade para falar em público. No início, você vai gaguejar e se confundir com as palavras, mas isso é normal. Ninguém nasce sabendo. Aos poucos, perceberá a sua evolução!

Pense nos aspectos positivos e no quanto essa habilidade lhe será útil no futuro. Imagine o sentimento de realização que terá quando as pessoas te aplaudirem, reconhecendo a sua liderança. O sacrifício vale a pena.

A importância dos eventos

Quando algumas pessoas reclamam dos eventos e não se comprometem em participar, é porque não entenderam a importância disso para a própria evolução. Pensam que eles servem apenas para captar novos Distribuidores e treiná-los sobre o básico. Não é nada disso! Se você já esteve em vários eventos e sabe de cor as técnicas de convites, vendas, indicações, patrocínios e acompanhamentos, a finalidade de estar lá é outra. Você precisa ajudar o seu grupo a crescer, sendo um referencial de liderança.

Cada evento é uma oportunidade imperdível de se desenvolver como líder, fortalecendo vínculos e o seu referencial de liderança.

Aproveite cada evento para chamar a atenção dos ascendentes e descendentes, provando o seu valor dentro da equipe. É isso que te levará adiante neste negócio.

Quando você sobe ao palco, as pessoas começam a te reconhecer como um líder de verdade. Seja qual for a sua função, você tem que estar lá em cima. Quanto mais vezes subir ao palco para fazer algo em benefício do grupo, mais respeito e admiração terá. Não apenas a sua equipe, como todos os Distribuidores que participam do mesmo evento, começarão a te valorizar como líder. Isso é fantástico, pois você conquistará aliados que serão fundamentais ao longo desta jornada.

Em vez de temer o desafio, aproveite qualquer oportunidade de subir ao palco. Coloque-se à disposição para contribuir. Tenha o cuidado de se preparar antes para que a sua fala seja sempre relevante e inspiradora. Esteja entusiasmado, sorria, edifique os líderes, os itens do catálogo e a empresa.

Não tenha medo. A audiência é formada por amigos e pessoas que estão no mesmo barco. Todos querem te ver brilhar.

Ninguém precisa ser perfeito para ser bem-sucedido. Basta praticar, promover o padrão, os itens do catálogo e o negócio com atitude e responsabilidade. O melhor treinamento para tornar-se um orador eficiente é dar as caras e se desafiar, melhorando um pouco a cada dia.

Você melhor, sempre!

Enquanto você ainda não era líder dentro deste negócio, o autodesenvolvimento acabou sendo estimulado pelo próprio padrão duplicado pelos ascendentes. É provável que eles tenham indicado livros, eventos e outras fontes de conhecimento específicas, que te auxiliaram a desenvolver as habilidades necessárias para chegar até aqui. Isso foi ótimo porque manteve o seu foco, evitando desperdícios de tempo e dinheiro.

Agora, por mais que as dicas deles continuem sendo valiosas e bem-vindas, você não deve mais depender disso para se desenvolver.

Está na hora de assumir o comando da sua distribuição e planejar os próximos passos sem depender dos outros.

É recomendável adotar uma postura proativa, pois ninguém tem mais interesse no seu crescimento pessoal que você mesmo. Além disso, nada te impede de se tornar mais capaz e bem-sucedido que os seus ascendentes, não é mesmo?

Na condição de Qualificado, você deve se preparar para ser Top. Como será a sua distribuição no futuro? Expandirá para outras regiões e países? Movimentará quanto dinheiro? Será que os conhecimentos atuais são suficientes para alcançar esse patamar desejável ou você deve buscar algum reforço?

Que tipo de conhecimento lhe será útil para tornar sua distribuição ilimitada e milionária? Liderança? Técnicas de Vendas? Inglês? Espanhol? Negociação? Administração de Empresas? Programação Neurolinguística (PNL)? Inteligência Emocional? Oratória? Internet? Administração do Tempo? Networking? Empreendedorismo? Coaching? Ética? Marketing Pessoal? Marketing de Relacionamento? Contabilidade? Finanças? A lista é infinita.

Você não precisa aprender nada disso para ser um líder comum, mas se deseja aproveitar ao máximo essa oportunidade e se diferenciar em relação à concorrência, é bom que desenvolva o hábito de pesquisar sobre essas e outras disciplinas relacionadas ao mundo dos negócios. Afinal, nesta ou em qualquer outra atividade, querer aprender coisas novas e aprimorar as habilidades continuamente são características comuns dos vencedores. É isso que garante a sua vantagem competitiva.

Seja autodidata

Você não vai parar o que está fazendo agora para estudar, até porque ainda não alcançou o objetivo de tornar-se Top. Além disso, a quantidade de conhecimentos novos é tão grande, que você não faria outra coisa na vida (e ninguém precisa ser um especialista em todos esses assuntos para desenvolver uma distribuição de base domiciliar, ilimitada e milionária).

O que estamos propondo é que você dedique pelo menos uma hora por dia para trabalhar em si mesmo, aprimorando-se como empreendedor. Faça cursos, leia alguns livros e artigos sobre esses assuntos, procure manter-se informado sobre as novidades. Converse com os líderes sobre suas descobertas e tome gosto por isso.

Todo empreendedor bem-sucedido é um autodidata em busca de novos conhecimentos e competências. Isso amplia a visão e nos permite aproveitar as melhores oportunidades.

Assim como tudo o que você já aprendeu até aqui, é uma questão de disciplina e dedicação. Pratique um pouco a cada dia e, no final de um ano, terá evoluído bastante. Em cinco anos, ficará surpreso com seus progressos.

O mais importante é a atitude de expandir seus limites. Querer ser melhor a cada dia. Isso te coloca na direção dos grandes feitos.

É seu teste de fogo

Você está atravessando a fase mais difícil e desafiadora do negócio. Mais até do que os primeiros dias, quando ainda não tinha qualquer experiência ou resultados.

Agora, você já fez um ótimo trabalho e está perto de alcançar o topo, mas parece que todos os esforços têm sido em vão. O aumento das responsabilidades e a decepção com alguns aliados minam a sua capacidade de sonhar. Você cansou. Sabe que falta pouco e assiste de perto ao sucesso dos outros, porém não consegue evoluir na velocidade que gostaria. Os meses passam e você tem que reconstruir suas bases.

Isso é muito natural. São as dores do crescimento que também se manifestam neste negócio. E acontece, porque a organização ainda não está madura o suficiente para se estabelecer em um novo patamar. Faltam líderes com o mesmo comprometimento e responsabilidade.

> Mantenha o foco na próxima qualificação do seu pessoal e acelere o passo. Quanto mais rápido formar novas lideranças, mais rápido subirá ao próximo nível.

Ao centralizar algumas práticas, você acumulou o trabalho de outras pessoas. Sua atitude empreendedora pode ter inibido a formação de líderes na organização ou eles não despertaram como deveriam. Você ainda é o referencial de liderança. Exerce tão bem essa função que eles te admiram e preferem não mexer em time que está ganhando. Estão acomodados.

Preparando substitutos

É preciso mudar esse quadro e prepará-los para ocupar o seu espaço. Comece fazendo uma lista das atribuições que pode transferir para outras pessoas. Será que você é a única pessoa capaz de cuidar dos eventos, apresentar a oportunidade e acompanhar os convidados? Ou assumiu tanta coisa que não sobra tempo para cuidar do que é imprescindível para a evolução do grupo?

O teste de fogo é delegar parte dos seus poderes e responsabilidades de uma forma natural, sem que os descendentes se sintam usados ou abandonados.

Cuide para que esta seja uma transição gradativa e positiva para todos. Converse com seus líderes mais confiáveis e mostre os benefícios que eles terão ao assumirem esse referencial de liderança. Sem dúvida alguma, eles precisam disso para crescerem também.

Ajude as pessoas a se prepararem e perceberem a importância de ocuparem esses espaços vagos para crescerem juntos. No futuro, os mesmos líderes deverão seguir seus passos, transferindo poderes e responsabilidades para as novas gerações, e assim por diante. Não há outra forma de evoluir.

Com o tempo, os verdadeiros profissionais percebem como isso funciona e passam a almejar as posições de liderança. Porém, não é uma transição rápida nem fácil.

A definição de "líder" é muito subjetiva. Muitos pensam que basta ser uma pessoa dinâmica e comunicativa para desenvolver uma distribuição ilimitada e milionária, mas isso não é suficiente. É preciso assumir o referencial de liderança com propriedade.

Transferindo o controle

Hoje, você reconhece que não há como ser líder de verdade neste negócio sem se comunicar ou manter uma postura adequada. É preciso vestir-se de acordo, agir com profissionalismo e ensinar os outros pelo exemplo. Caso contrário, dificilmente as pessoas seguiriam seus passos.

Você tem feito bem a sua parte, mas ainda não conseguiu duplicar a mesma atitude entre os potenciais líderes da organização. Até aqui, todos cresceram à sombra da sua liderança, se beneficiando das virtudes que você tem para atrair e capacitar as pessoas para o grupo. Agora, chegou o momento de alguns deles assumirem parte das funções.

Em outras palavras, você deve libertar-se da liderança operacional, que cuida das apresentações de oportunidade, treinamentos de produtos, serviços, vendas, indicações, patrocínios, acompanhamento de metas e eventos, para se concentrar na formação de novas lideranças em profundidade. No lugar de fazer, ensine e empodere. No lugar de subir no palco como referencial de liderança, promova quem deseja avançar.

Para convencê-los de que isso será bom para eles, mostre que não é uma obrigação, e sim uma oportunidade fantástica de terem a própria liderança fortalecida. Afinal, serão edificados e valorizados dentro da organização por merecimento. Quem está preparado para ocupar o seu lugar? Quem é capaz de inspirar os outros pelo exemplo?

Mesmo que você se esforce para alcançar o próximo estágio sozinho, sem uma equipe não conseguirá manter-se por muito tempo.

A menos que tenha formado lideranças tão capazes quanto você na organização, qualquer crescimento será artificial e temporário.

Quem te influencia?

Não é fácil manter o crescimento no mesmo ritmo. Talvez você precise investir muito tempo e dinheiro na formação das lideranças do seu grupo para alcançar o próximo estágio com segurança. Viagens, mensagens e eventos ocupam sua agenda diária. Noites e finais de semana são dedicados ao negócio, gerando descontentamento entre familiares e amigos que nem sempre enxergam o que você vê. A pressão é grande!

É natural sentir-se um pouco fragilizado diante de tamanho desafio. Afinal, foram meses ou talvez anos de trabalho árduo para chegar até aqui, e os resultados financeiros não compensam tanto esforço. Boa parte do dinheiro ganho tem que ser reinvestido e o sonho de ter mais tempo com a família ainda parece distante. Você trabalha mais do que antes de iniciar o negócio e o estado emocional oscila muito. Quando está nos eventos, sua bateria de motivação é recarregada e você adota uma postura confiante em relação ao futuro. Quando se afasta do fogo, qualquer obstáculo parece intransponível.

Quer uma boa notícia? Você está quase lá!

Todo profissional bem-sucedido sabe que não existe ganho sem dor e que os momentos que antecedem as grandes conquistas são os mais desafiadores. Isso é o que chamamos de superação.

> Não basta manter a confiança e seguir em frente apenas quando o vento é favorável. O que diferencia um vencedor é a capacidade de seguir adiante enfrentando as condições mais adversas.

Poucas pessoas são capazes de realizar grandes feitos porque a maioria desiste no meio do caminho, quando os obstáculos se tornam maiores. Não cometa o erro de colocar tudo a perder porque as pessoas que te rodeiam não têm a mesma capacidade que você tem de enxergar além dessas dificuldades passageiras. Vá em frente, vá em busca dos seus sonhos!

Para conseguir esse feito com o mínimo de desgaste, é preciso desenvolver uma crença inabalável no próprio potencial, alimentar o espírito com palavras de fé e sabedoria. Isso aumenta a sua resistência. Caso contrário, há momentos em que o esgotamento físico e mental pode te abalar.

Alimentando o espírito

Livros de pensamento positivo e biografias de pessoas bem-sucedidas são fontes valiosas de conforto e otimismo, mas nada te influencia mais do que o convívio social. Portanto, saiba cercar-se de pessoas que podem te ajudar a conquistar seus objetivos. Fuja daquelas que só roubam energia dizendo que tudo é difícil e complicado.

Por mais fortes que sejam as suas crenças pessoais, é preciso protegê-las para não se render ao desânimo, à preguiça e a outros sentimentos enfraquecedores.

Às vezes, a negatividade mora debaixo do mesmo teto e não é por mal. As pessoas que te amam não gostam de te ver sofrendo e querem te poupar das dificuldades inerentes a este ou qualquer outro projeto que você se proponha a realizar. Porém, muitas vezes não percebem o quanto isso pode ser prejudicial no longo prazo.

Saiba contornar tais situações sem entrar em conflito. Faça o possível para mostrar aos familiares e amigos mais próximos que você está feliz mesmo atravessando uma fase de privações. Mostre que está consciente da situação desconfortável, mas que acredita que ela será minimizada se puder contar com a compreensão deles.

É mais fácil explicar isso quando comparamos com outros projetos pessoais e profissionais em que foi exigida uma dose temporária de sacrifício, como a abertura de outro negócio, a conclusão de um curso, a gravidez de um filho ou a construção de uma casa.

Foram fases difíceis, mas igualmente necessárias e recompensadoras.

Aconselhamento

Em todo caso, as pessoas que lhe cercam não passaram por isso. Elas não sabem como o negócio funciona e, mesmo que estejam lhe apoiando, não são profissionais do assunto. É nesta fase delicada, mais do que nunca, que você deve “colar” no líder Top ascendente e seguir seus conselhos, sem questionar. Só ele sabe o que precisa ser feito para subir ao próximo degrau, porque ele já conseguiu.

O vizinho, os familiares, amigos e mesmo os descendentes, por melhores que sejam e por mais que queiram te ajudar, não têm a mesma experiência e podem te confundir.

Cuidado! Quem está te influenciando? Quem te aconselha? Quem são os seus mentores? Empresários e executivos buscam assessoria especializada para gerir seus negócios da melhor forma possível.

Quando a produtividade cai em função de desmotivação, problemas pessoais, etc., você precisa que alguém te ajude a identificar as causas dessa queda de produtividade e a melhor forma de superá-la.

Alguém precisa te ensinar como se comportar como Top para que venha a assumir essa posição da melhor forma possível, e não existe ninguém mais apropriado que o primeiro Top ascendente.

Moral da história: para ser Top, você deve se aconselhar e se espelhar em outro Top mais experiente.

Quanto mais tempo você puder estar em contato com seu Top ascendente, maiores serão as chances de você fazer bem feito o que deve ser feito para alcançar o próximo degrau de liderança.

Não questione nem perca o foco. Apenas faça o que ele fez.

PARTE 5

TOP: INSPIRE NOVOS LÍDERES!

A aura de sucesso e riqueza que cerca um Top pode levá-lo a confundir valores e a perder o limite da razão.

Parabéns e cuidado

Você acaba de tornar-se um Top da companhia. Cumpriu o período de qualificação e será reconhecido no palco do próximo evento. Neste mês, seu cheque quase dobrou de tamanho e você já está pensando em comprar aquele carro que sempre quis. A equipe está radiante e as expectativas são as melhores possíveis. Agora, o céu é o limite!

Não existe sensação mais maravilhosa do que a certeza do dever cumprido. Você trabalhou muito nos últimos anos para conquistar essa posição. Não foi nada fácil. Apenas os familiares podem testemunhar o quanto você se esforçou. Quantas viagens? Quantas noites sem dormir? Quantas provações teve que enfrentar para chegar até aqui? Quantas vezes pensou em desistir no meio do caminho?

O importante é que você venceu o medo, a dúvida, os críticos e a concorrência. Desenvolveu sua capacidade de liderança e conseguiu levar sua organização a um novo patamar por mérito e competência.

Você é um exemplo! Um campeão!

> Parabéns e cuidado! Diante de tamanha euforia, natural e compreensível, é muito fácil perder o foco.

Você gostaria de passar os próximos meses com a cabeça nas nuvens, realizando alguns sonhos e idealizando outros tantos que serão possíveis em um futuro bem próximo. Talvez viaje a convite da companhia e viva momentos inesquecíveis. Porém, é fundamental saber separar as coisas e não se descuidar da equipe que te trouxe até aqui.

Você ainda é insubstituível

Muitos Tops vivem uma fase de deslumbramento perigosa logo que alcançam essa posição. Experimentam reconhecimentos e ganhos com os quais não estavam acostumados e podem se perder, comprometendo o que já construíram. Por isso, é fundamental que a companhia e os Tops ascendentes — talvez os únicos que ainda têm influência sobre você — te ajudem a manter os pés no chão, sobretudo nos primeiros meses, quando a tendência é comemorar e relaxar por completo.

Você alcançou uma grande meta pessoal, mas os líderes da sua equipe ainda estão matando um leão por dia.

Eles reconhecem o seu mérito e estão orgulhosos de você, mas precisam pagar as contas e manter o negócio em funcionamento. Por mais que eles compreendam sua ausência momentânea, e por mais que você esteja fascinado com a ideia de ser Top, ainda é uma peça fundamental no sistema. Eles contam com a sua participação direta para se desenvolverem, pois é isso que têm feito juntos até aqui. Além disso, a sua conquista pessoal é um instrumento de motivação para todo mundo!

Assim como acontece em qualquer organização, essa mudança de posto pressupõe uma fase de transição e adaptação que não pode ser negligenciada. Durante os próximos meses, vocês terão que se acomodar em novas posições para o negócio continuar crescendo no mesmo ritmo. Enquanto você assume funções como Top, deve transferir parte das responsabilidades que tem para os Qualificados descendentes mais preparados. Tudo isso da maneira mais suave possível, sem prejudicar o bom trabalho feito até aqui.

Esse processo pode levar de seis meses a um ano para ser concluído dependendo do perfil das lideranças que você formou. Este também é o tempo que você precisa para consolidar sua posição e aprender como um Top deve gerir uma organização milionária. Portanto, a sua presença no dia a dia dos negócios continua indispensável.

Alcançar não significa manter

É muito comum vermos Tops regredindo para uma qualificação inferior por não saberem conduzir direito essa fase de transição. Em alguns casos, a queda é passageira e só afeta os bônus de poucos meses, mas existem situações em que o Top jamais conseguiu se reerguer. Isso porque o seu afastamento comprometeu as relações de confiança que tinha com o grupo, ocasionando a desistência de líderes intermediários importantes.

Para evitar esse risco e garantir o mesmo nível de rendimentos nos próximos meses, não comemore tanto agora.

Em vez de "tirar férias", mantenha o ritmo de trabalho e apoio ao grupo, aproveitando o momento positivo que vive para qualificar mais pessoas.

Use esse período para preparar substitutos à altura e provar que você é um líder de verdade.

No lugar de passar a impressão de que está deslumbrado com o sucesso, cuide para que as pessoas te vejam como alguém mais responsável e comprometido com o grupo. Em vez de manter o foco na realização pessoal, mostre que agora é a vez deles. Use o seu exemplo como inspiração para que busquem a próxima qualificação também.

Agindo dessa maneira, você solidifica a sua imagem de Top e ainda recebe uma gorda recompensa.

Sua imagem vale ouro

Agora que você já alcançou uma posição de destaque dentro da empresa, sua imagem deve ser trabalhada com mais cuidado. Tudo o que você faz influencia os outros.

> Você está no centro das atenções e não pode decepcionar as pessoas que se inspiram com o seu referencial de sucesso, sob o risco de ter a sua liderança questionada.

Imagine uma organização com milhares de pessoas, onde nem todas te conhecem direito. Conhecem apenas pela foto, um testemunhal na revista de reconhecimentos e "pelo que está na boca do povo". Sua imagem é promovida por pessoas que nem sempre têm discernimento, ética e capacidade para fazê-lo. O resultado? Por melhor que você seja, alguns boatos envolvendo o seu nome podem acontecer.

É natural que boa parte dessas pessoas, sobretudo de organizações paralelas, cultivem um pouco do sentimento mais nocivo que existe em relação a você: a inveja. Sim, apesar do fantástico sistema de treinamento e dos bons valores promovidos pela empresa, o ser humano é imperfeito. Cada vez que observam alguém obtendo mais resultados, algumas pessoas sentem inveja, em especial, aquelas parasitas que já estão no negócio há algum tempo e não conseguem crescer com a mesma desenvoltura. São Distribuidores negativos, que fazem intriga como autodefesa.

Não se assuste. Isso acontece desde que o mundo é mundo. Em qualquer lugar e em qualquer tempo, basta você experimentar um pouco de sucesso para tornar-se alvo de ataques. É por isso que os líderes empresariais, políticos e artistas contratam profissionais para cuidar de suas carreiras. Assessores de imprensa, publicitários e agentes são especialistas em impedir que esses boatos corram livremente.

Algumas empresas sabem disso e colocam esses profissionais à disposição dos Tops. Os treinamentos de liderança também tratam do assunto, ensinando os Tops a se preservarem. Afinal, qualquer deslize moral pode servir de estopim para uma crise.

Faltas graves

Apesar dos alertas e cuidados sugeridos pelas empresas, os próprios líderes também são humanos e erram. Alguns, frequentemente.

Certas histórias deixariam o cabelo de qualquer um em pé. Não entrarei em detalhes nem citarei os nomes aqui, mas devo prepará-los para algumas situações que podem abalar a imagem e a organização de um líder. A mais comum, sem sombra de dúvida, é a infidelidade conjugal, que pode envolver descendentes, ascendentes, outras linhas e funcionários das empresas. Até o fundador de uma já extinta companhia levava a fama de seduzir suas Distribuidoras, sem escrúpulo algum.

Invariavelmente, quem comete esse tipo de deslize tem a liderança comprometida, com desdobramentos traumáticos para toda a organização, incluindo escândalos, fofocas, desconfiança, descrédito e perda de foco.

A aura de sucesso e riqueza que cerca um Top pode levá-lo a confundir valores e a perder o limite da razão.

Outro caso bastante comum é o envolvimento de Tops com drogas e alcoolismo. Conheci um líder que passou a beber muito após se tornar "celebridade". Nas festividades da empresa, ele bebia além da conta e perdia o senso do ridículo. Importunava as Distribuidoras, contava piadas de péssimo gosto e comprometia a sua postura. Nas primeiras vezes, isso foi relevado por aqueles que conheciam o seu profissionalismo fora dali. Porém, a constância e o agravamento dessas situações acabaram por minar a sua imagem por completo. O referencial de sucesso ruiu. As pessoas passaram a menosprezá-lo como líder, pois não era mais exemplo para ninguém. Sua organização sofreu um baque.

Como se pode notar, os temas tratados aqui são os mesmos que viram manchetes em revistas e jornais: sexo, drogas, alcoolismo, desonestidade, enfim, é por isso que devemos promover bons valores dentro de uma organização. E isso vale para qualquer empresa, independentemente do modelo de distribuição adotado.

Se já é difícil preservar a imagem sendo cuidadoso, imagine cometendo faltas graves como essas. Sabemos que nenhum ser humano é perfeito, mas existem desvios de conduta que um líder jamais pode se permitir, sob o prejuízo de colocar toda a carreira em risco.

Talvez agora fique mais claro o motivo pelo qual se diz que este é um negócio familiar.

Um casamento bem-sucedido e uma vida mais regrada contribuem para o sucesso neste tipo de negócio. A integridade é um valor universal, que transmite segurança para todos.

Agora que você é Top, seja coerente com a posição que ocupa e com a história que construiu. Contrate assessoria, escreva livros e faça caridade. Sua imagem é muito preciosa. Por isso, use-a com discernimento e estratégia. Evite a superexposição desnecessária.

Sua presença deve ser mais que especial. Nos poucos momentos em que estiver em contato com a base do seu grupo, seja amável e inspirador. Ensine aos outros o que aprendeu. Tenha uma vida ímpar, admirada e desejável. Seja feliz!

As pessoas querem modelos de sucesso e você conquistou o direito de tocá-las. Quanto mais rara for a sua pessoa, e quanto maior for sua capacidade de despertar sentimentos bons e de aprovação nos outros, maior será o seu potencial de liderança.

Seja 100% positivo

Alguns Distribuidores têm o péssimo hábito de achar que os Tops são responsáveis por resolver qualquer problema que eles têm com a empresa, tais como falhas operacionais, devolução de produtos, cancelamento de serviços, atualizações cadastrais etc.

Outros pensam que os Tops devem se envolver em qualquer assunto relacionado à equipe. Conflitos entre Distribuidores que não se entendem, a temperatura do ar condicionado, o preço de um item, o erro de ortografia na página 18 do manual de negócios, a briga do Gustavo com a esposa, etc. Não existe limite para a criatividade do Distribuidor.

Isso é normal e acontece em qualquer grupo de pessoas.

Aprenda a filtrar os assuntos que lhe cabem (estratégicos e positivos), daqueles que só atrapalham a evolução do negócio.

A primeira distinção que precisa ficar muito clara é: líder é líder, empresa é empresa. Questões operacionais, críticas e sugestões à companhia devem ser encaminhadas diretamente a ela. Se forem casos individuais e simples, o próprio Distribuidor se encarrega disso. Se forem assuntos delicados ou que envolvam vários Distribuidores do mesmo grupo, o primeiro ascendente Qualificado pode interceder junto à empresa, buscando a melhor solução. Porém, um Top jamais se envolve com isso.

Por outro lado, quando as questões se referem às relações humanas dentro da equipe, o primeiro Qualificado ascendente deve resolvê-las. Se não tiver condições, pode buscar auxílio com um ascendente mais experiente. Em último caso, o Top pode ser consultado sobre o que fazer, mas não será ele o porta-voz da resolução.

Sempre que outra pessoa puder resolver um problema, o Top deve ser preservado. Afinal, como vimos antes, ele atua como uma referência estável de sucesso para os Distribuidores do grupo e qualquer assunto desses pode comprometer sua imagem pública, com prejuízos para todos.

O Top precisa manter sua imagem positiva a qualquer custo, porque ela é um instrumento essencial para os Qualificados e Distribuidores do grupo.

O Top tem que ser preservado

Quanto mais agradável e rara for a imagem do Top, maior será o vínculo emocional entre ele e os Distribuidores. Não vale a pena prejudicá-la para resolver um caso específico e pontual, de proporções tão pequenas para a organização como um todo.

É o mesmo que acontece dentro de qualquer grande empresa. O presidente da companhia não é acionado para resolver cada falha que acontece. Também não é ele quem comunica assuntos delicados, como demissões coletivas, etc. Ao presidente da companhia cabe definir estratégias, estabelecer uma relação com os melhores fornecedores e clientes, comunicar a visão, os projetos e as conquistas, inspirar o grupo com a missão corporativa da empresa, enfim, ele concentra o foco no que é 100% positivo.

Se um cliente não paga, quem resolve é o diretor financeiro. Se o problema persiste, o departamento jurídico é acionado, mas o presidente não se envolve diretamente. Da mesma forma, haja o que houver, o Top tem que ser preservado. Ele não pode se envolver com todos os problemas que acontecem na organização. Isso lhe rouba a energia.

Assuntos negativos devem ser minimizados ao máximo e resolvidos pontualmente, com discrição e responsabilidade.

A menos que algo muito grave aconteça, o Top nem sequer deve ser comunicado. Quanto menos se perder tempo com questões negativas circulando entre os líderes, melhor será a produtividade do grupo.

Buscando soluções

Se durante o evento, um Distribuidor iniciante abordar o Top com qualquer questão negativa, este deve ser muito cuidadoso para desviar do assunto, concentrando o foco no que é positivo e produtivo para o crescimento da organização.

O papel do Top não é solidarizar-se com as mazelas de cada Distribuidor, e sim resgatá-los para uma condição mais elevada de pensamento e atitude. Em vez de focar no problema, ele ensina a buscar a solução.

Conheço um Top que mima os Distribuidores a tal ponto, que eles o tratam como se fosse um secretário particular. Qualquer problema que têm, pedem para ele resolver. E o que acontece quando o problema é resolvido? Eles reforçam a ideia de que o líder é responsável por tudo. Não é de se estranhar que a organização dele estagnou há uns três anos.

Mimar Distribuidores é o mesmo que mimar seus filhos. Eles se acomodam em uma situação confortável e deixam de buscar o aprimoramento das próprias capacidades. Ser um bom líder não é entregar as coisas "de mão beijada". Às vezes, é preciso ser um pouco duro para manter a postura e colocar o grupo em movimento.

Top que é Top aparece pouco, não centraliza o poder nem facilita as coisas para os Distribuidores. Ele sabe que delegar é necessário.

A liberdade financeira só é realizável quando a organização passa a se desenvolver sem a sua participação direta. E para que um dia isso seja possível, é necessário formar líderes à altura. Pessoas que não recuem diante dos problemas nem mantenham uma relação de dependência com os outros. Isso é ser livre!

Fale ao coração

Uma das tendências mais perigosas que um Top deve evitar é a de tornar-se materialista e arrogante com as pessoas. Isso pode afastá-las, causando um prejuízo irreparável às organizações.

Considerando que você trabalhou com afinco e dedicação para alcançar o posto de Top dentro da companhia, é natural que o seu ego seja massageado com elogios, reverências e a admiração daqueles que te acompanham. Além disso, ter dinheiro é muito bom.

Você conhece pessoas e lugares incríveis, tem uma vida confortável e usufrui de um padrão de vida elevado, porque conquistou esse direito. Não há nada de errado nisso. Você fez por merecer!

Entretanto, assim como acontece com as novas celebridades da música, dos esportes e de outros meios, que despontam para o sucesso de forma repentina e atraem a atenção da mídia, é preciso muito cuidado para não derrapar com autopromoção, ostentações, soberba e antipatia.

Você pode fazer o que quiser com o dinheiro que ganhou, mas evite falar sobre seus bens materiais e consumos de alto luxo. Dê preferência a compartilhar suas experiências humanas e sensoriais, viabilizadas pelo estilo de vida que tem hoje, como viajar, saltar de paraquedas, jogar tênis quarta-feira à tarde, levar o filho para a Disney, enfim, desejos mais universais e que despertem sentimentos de admiração por você como pessoa (não apenas pelo dinheiro que tem).

> Um Top só terá a liderança inquestionável quando for um modelo de sucesso admirado pelos outros. Não basta ter dinheiro e levar uma vida de sultão, se parecer que seus valores foram deturpados em função disso.

Mais do que nunca, é preciso demonstrar humildade, valorizar as relações humanas com seus amigos e familiares, apoiar projetos sociais relevantes e investir no seu autodesenvolvimento.

A riqueza fala por si

Você pode usar as melhores roupas, o melhor relógio e desfilar de carrão se quiser. Só não precisa falar sobre isso. É melhor manter o foco em outros assuntos que inspirem as pessoas com princípios elevados.

Não estou dizendo que um Top materialista e arrogante não possa alcançar resultados com Marketing de Relacionamento, mas esse tipo de liderança atrai seguidores com valores deturpados e afasta as melhores pessoas. Definitivamente, não multiplica bem-estar.

É o mesmo efeito que acontece com as celebridades da mídia e dos esportes. Alguns são mais conscientes, constroem boas reputações e vivem relações saudáveis, enquanto outros se afundam em problemas.

Como podemos saber quando um Top tem boa imagem? Observando a admiração que ele consegue produzir na base dos grupos (e que gera um índice de retenção muito maior).

Ser paparicado por pessoas interesseiras é fácil, mas um líder de verdade conquista admiração por suas obras.

Cada líder deve exercer um papel compatível com o seu poder de influência para que não haja sobreposição nem desperdício.

Os Tops são especiais e não devem se envolver com qualquer assunto aleatório para se concentrarem naquilo que podem fazer de melhor, como alinhar a estratégia dos Qualificados e inspirar sonhos de real valor.

Sonho e inspiração

Em eventos reservados com os Qualificados, um Top pode compartilhar sua experiência sobre assuntos técnicos e operacionais, como metas de qualificação, comprometimento, etc., que fazem parte do alinhamento estratégico para aquele público. Porém, quando falar para a base da organização, novatos e convidados, precisa evitar esses temas frios.

É melhor que sua participação seja mágica e inesquecível para que a impressão deixada seja realmente inspiradora. Como referencial de sucesso, um Top deve despertar sentimentos bons.

Prefira compartilhar suas experiências de vida e falar ao coração das pessoas, mostrando seus valores mais nobres.

> A aparição de um Top nos eventos da companhia deve ser aguardada com ansiedade. Mais do que um conteúdo específico, sua principal contribuição é despertar o sonho de uma vida extraordinária (e possível).

Lições valiosas podem ser transmitidas por meio de histórias carregadas de emoção. Ao final do seu testemunho, os presentes devem estar felizes, admirados e registrando aquela experiência inesquecível. Isso é importante para reforçar o sonho deles mesmos.

Percebeu o motivo pelo qual um Top não deve incluir sermões e "puxadas de vendas" em suas falas públicas? É porque isso quebraria o encanto, comprometendo sua principal função de inspirar sonhos.

Promover ações táticas e operacionais é uma atribuição dos Qualificados intermediários, que já têm alguma credibilidade, mas não sobrepõem a imagem de sucesso deixada pelo Top.

Seja a melhor pessoa que pode ser

Ainda são poucos os que compreendem essa dinâmica. A maioria dos Tops não cuida da imagem como deveria. Alguns se perdem na arrogância, desperdiçando muita energia na reconstrução dos grupos. Outros não fazem nada para evoluir e acumulam trabalho em vez de delegar, inibindo a formação de novos líderes (o que é também uma forma de desperdício).

Nos mercados mais desenvolvidos, a liderança servidora baseada no caráter e na admiração é um assunto bastante difundido. Vários autores de renome, como John Milton Fogg[10], John Kalench[11] e Randy Gage[12] escreveram verdadeiras obras-primas sobre esse tema, ensinando os Tops a serem líderes de verdade.

> Um Top só poderá descansar quando a sua liderança for inquestionável e transmitida através das gerações.

Agindo dessa forma, o Top será convidado a participar das decisões da empresa e terá um poder de influência único. Seu magnetismo pessoal fará com que a organização respeite a sua liderança e siga na mesma direção, com alinhamento estratégico e foco. Assim, conseguirá manter a fidelidade de boa parte do grupo, independentemente das promessas e propostas tentadoras que surgirem no mercado.

Seja a melhor pessoa que pode ser. Invista no conteúdo das suas palestras. Estude mais sobre desenvolvimento humano e torne-se um especialista em liderança.

Leia, faça cursos e aprimore a capacidade de ensinar por meio do exemplo. Valorize as conquistas pessoais, estude outros idiomas e conheça culturas diferentes. Pratique esportes, escreva um livro de poesias e amplie seus horizontes. Faça cursos de artes plásticas, música, filosofia, autoconhecimento, gastronomia, entre outros.

Quanto mais interessante a sua vida se tornar, maior será a sua legião de admiradores e maior será a chance de patrocinar quem tem dinheiro, mas está longe de gozar o estilo de vida que você tem.

Lembre-se: mais difícil do que chegar, é manter-se no topo.

Aponte a direção

Pela experiência acumulada e pela visão privilegiada que tem, o Top costuma ser capaz de enxergar mais longe do que os outros Distribuidores. Portanto, uma de suas atribuições é apontar a direção em que todos devem seguir a cada momento.

Como sua distribuição é ampla e espalhada, é mais sensível ao mercado e responde a qualquer movimento. A posição estratégica em que se encontra, permite que ele perceba os riscos e oportunidades com mais facilidade. Sua proximidade com a direção da companhia também o permite conhecer o que está por vir, como novas promoções e lançamentos. Isto sem contar nos relatórios gerenciais e detalhados que acessa. São informações muito valiosas para toda a organização.

É necessário que o Top se prepare e assuma essa função com responsabilidade. Caso contrário, a omissão ou qualquer erro de interpretação de sua parte pode causar estragos em cadeia.

Existem líderes que não observam esses detalhes e agem como se o negócio pudesse evoluir sem esse "norte". Deixam os Qualificados soltos ou transmitem estratégias desconexas, sem desenvolverem um planejamento coerente ao longo do tempo. Não percebem que isso os faria sentirem-se mais confiantes e seguros. Além disso, desperdiçam o benefício do foco e da concentração de energia que teriam, caso todos corressem na mesma direção.

Assumindo a presidência

Um Top precisa agir como estrategista. Ou assume a presidência da organização com habilidade ou não terá mais do que um bando de Distribuidores cegos "batendo cabeça". É uma opção entre ser profissional ou amador, entre trabalhar com produtividade ou desperdício. É por isso que alguns grupos parecem estagnar enquanto outros continuam crescendo em alta velocidade. Isso é consequência da capacidade de seus líderes.

Se você não se preparou para assumir a presidência da sua organização, é necessário investir nisso agora.

Leia sobre marketing, administração e liderança. Faça cursos e participe de seminários no exterior. Aproxime-se dos diretores da companhia. Peça orientações sobre como analisar os relatórios e direcionar esforços para aumentar a retenção do seu grupo.

Nos últimos anos, tenho atuado como mentor de vários líderes e me surpreendo quando vejo o quanto a maioria está despreparada. Existem casos de pessoas que recebem verdadeiras fortunas e não sabem sequer avaliar se foram pagos como deveriam. Outros largam suas distribuições como se o resultado atual fosse garantia de futuro. Ignoram as oscilações do mercado e deixam seus grupos vulneráveis à concorrência. Além de correrem sérios riscos agindo dessa maneira, perdem oportunidades incríveis de expandirem.

Um Top cego, incompetente e incapaz de ajudar sua equipe a crescer tem vida curta neste negócio. Sua estada no topo é temporária e o deslumbramento com o sucesso custará muito caro adiante.

> Não basta se qualificar uma vez. É preciso manter a produtividade para que o sonho da renda residual e da liberdade financeira se concretize.

Você deve cumprir todas as etapas com sabedoria para formar novas gerações de Tops e perpetuar seu negócio.

Aproveite a condição privilegiada que alcançou para se preparar melhor. Use o tempo e o dinheiro que tem para construir algo sólido para toda a vida.

A organização precisa ser orientada por alguém e você é o principal interessado. Por isso, aponte a direção correta. Ajude seus Distribuidores a alcançarem resultados melhores. Quanto mais determinante for a sua participação no crescimento deles, maior será a admiração e o respeito conquistado por você.

Seus melhores aliados

Quando você é um Top, sua organização é formada por milhares de Distribuidores espalhados por muitas cidades, estados e até países. Cada pessoa atravessa uma fase, vive um momento emocional e escreve uma história muito particular que você não consegue acompanhar de perto.

Por mais que você queira e entenda a importância dos relacionamentos neste negócio, é impossível cuidar de todo mundo sozinho. Por isso, é fundamental cercar-se dos melhores aliados.

Como se manter atualizado sobre os principais acontecimentos referentes ao negócio e respondê-los de acordo? Sendo bem assessorado.

Um Top só consegue administrar sua distribuição ilimitada e milionária, se contar com a ajuda de pessoas preparadas em todos os níveis.

Ninguém é competente, constrói e mantém uma imagem sólida de liderança, sem um bom número de assessores dignos de confiança, comprometidos e alinhados com a mesma visão.

Neste negócio, seus assessores são os Qualificados descendentes mais próximos. São eles que filtram as informações em cada praça, transmitindo para você o resumo dos acontecimentos mais relevantes. É o que vimos em "Fazendo o meio de campo", agora sob o ponto de vista do Top.

Informantes, executores e planejadores

O que interessa saber sobre o que acontece nas bases da organização? Você precisa ser informado que o Distribuidor Francisco não compareceu à reunião de treinamento? Que o pedido da Distribuidora Maria chegou um dia atrasado? Que o convidado do Distribuidor Paulo preferiu fazer outro negócio? Não! Essas e outras milhares de situações envolvem seus Distribuidores. Se você for bombardeado com esse tipo de assunto, não terá tempo de cuidar do que é importante.

Bons assessores ajudam a filtrar isso. São questões que podem e devem ser tratadas pelo Qualificado imediatamente acima. Essa é a regra geral.

Com raríssimas exceções, um Top só deve participar de assuntos que envolvam suas lideranças.

Que estratégia o líder Daniel utilizou para despontar em alta velocidade? Como o líder Gustavo tem enfrentado os fortes ataques da concorrência? A líder Nanci requalificou-se este mês? O líder Marcelo está com um grave problema pessoal? São situações em que talvez o Top ainda não precise se envolver diretamente, mas deve tomar conhecimento para acompanhar e interceder quando necessário.

As dificuldades começam a surgir quando ele precisa não apenas de bons informantes, como também de bons executores. Líderes capazes de cuidar do grupo tão bem ou melhor do que ele faria pessoalmente, se pudesse estar em todos os lugares.

Em quem ele pode confiar as tarefas mais decisivas? Quem é capaz de organizar aquele evento em Brasília? Quem deve assumir o comando do negócio durante a sua próxima viagem ao exterior? Quem será o seu melhor porta-voz no evento de Porto Alegre? Quem pode resolver os conflitos que surgiram entre os líderes em Recife?

Aqueles que possuem a qualificação mais alta em cada praça costumam ser os seus melhores aliados, mas isso pode variar em função de outras características, tais como: disponibilidade, dinamismo, atitude, credibilidade, entre outros.

Para completar, o Top também deve identificar, entre os Qualificados que têm caráter, capacidade, responsabilidade e comprometimento com a equipe, alguns poucos que tenham discernimento para ajudá-lo nas principais decisões. Afinal, como está distante das bases, é recomendável ouvir comentários, críticas e sugestões de quem está no campo para não cometer erros de julgamento. Esses são os aliados planejadores, que formam a cúpula da sua distribuição. Eles devem saber o que você espera deles e o quanto está disposto a retribuir, ajudando-os a alcançarem o topo também. São como a diretoria da sua empresa. Quanto mais próxima e verdadeira for essa relação entre vocês, maior a consistência entre a estratégia e a execução.

É preciso ter muita sensibilidade para identificar, entre as pessoas que o cercam, aquelas que merecem confiança a tal ponto, em cada fase do negócio. Por isso, a seleção dos melhores aliados é um processo contínuo, do qual o Top não pode se descuidar.

É preciso renovar seus quadros, fortalecendo a liderança daqueles que apresentam melhores resultados e diminuindo a influência daqueles que decepcionam.

Dê oportunidades para as pessoas provarem que têm valor, mas fique atento quando transmitir uma instrução qualquer e seu aliado não cumprir. Se isso acontecer outras vezes, é preciso encontrar um aliado mais confiável ou o negócio sairá do rumo.

"Diga-me quem te assessora e te direi que líder és".

Delegação de poder

Você já conquistou uma posição de destaque dentro da empresa e é bem remunerado por isso, mas ainda não pode se considerar seguro nem se ausentar por muito tempo da condução do negócio, porque não formou substitutos à altura.

Ainda não existe ninguém tão preparado e comprometido como você. A liberdade financeira só acontecerá de fato quando formar várias gerações de Tops em sua descendência.

Não perca o foco do próximo objetivo. Você precisa identificar entre aqueles que o rodeiam, quem são as pessoas com perfil de liderança e em quem você mais confia.

Quem são os próximos Tops da organização? Quem você quer que esteja à frente dos negócios na sua ausência? São os mesmos líderes escolhidos como os melhores aliados e que já o auxiliam a definir e implementar as estratégias do grupo. A diferença é que agora, em vez deles o ajudarem na operação do negócio, é você quem deve ajudá-los a chegarem onde você está. É hora de retribuir àqueles que são fiéis a você e que têm demonstrado maior interesse em aprender.

O próximo Top

Escolha quem você gostaria que fosse o próximo Top. Marque uma reunião pessoal com ele e pergunte se ele está realmente determinado a alcançar esse objetivo. Crie um comprometimento maior entre vocês. Estabeleça a meta dele se tornar um Top como se fosse sua própria meta. Ajude-o a planejar a melhor estratégia para alcançar esse objetivo e faça o acompanhamento mais próximo que puder.

A partir de agora, e até que ele se torne um Top da companhia, vocês devem manter contato permanente, de modo que a relação de confiança e amizade cresça a cada dia. Quanto mais tempo ele conviver com você, mais rápido assimilará as competências necessárias para ser um Top. Lembre-se de que o exemplo é a melhor forma de ensinar.

Nesta fase, a edificação inversa tem um papel fundamental. Ou seja, mais do que ser edificado e promovido por ele, é você quem deve edificá-lo como alguém que caminha a passos largos para tornar-se um Top da companhia.

Faça com que todos do grupo dele percebam o quanto você o admira e respeita, enchendo-os de orgulho por terem um líder assim. Isso fará com que eles ouçam com mais atenção as estratégias e concentrem maior energia na execução das tarefas, criando uma atmosfera de entusiasmo e resultados rápidos. Em outras palavras, você estará ajudando a gerar um novo impulso na organização dele.

Emprestando credibilidade

A edificação inversa ajuda a construir um novo referencial de liderança e autoridade. Você atribui um poder maior ao líder descendente, que passa a assumir novas responsabilidades junto ao grupo. Quando você faz isso, ele se sente valorizado e quer honrar a confiança depositada buscando a próxima qualificação com mais empenho. Além disso, quando os descendentes que o acompanham percebem que o esforço, a determinação e a fidelidade do líder estão sendo recompensados, querem fazer o mesmo.

Parece pouco, mas a sinergia criada com essas pequenas medidas faz com que todos sejam estimulados a seguirem o exemplo do líder, porque o seu benefício é visível.

Delegar poder é uma arte que só os verdadeiros líderes aprendem. Na maioria das vezes, o que vemos é delegação de responsabilidades (ou transferência de culpa), quando o superior solicita apoio sem oferecer nada em troca. Ele espera que as tarefas sejam cumpridas da melhor forma possível, mas não contribui com nada. Muito pelo contrário, passa a responsabilidade para o subordinado, que nem sempre está preparado para executar a função. No caso de falhas (o que é muito natural nessas condições), o superior se esquiva e pune o subordinado. É o que mais vemos dentro das empresas.

Neste modelo de negócio, como todos são independentes, não existe subordinação, e as dinâmicas de liderança dependem das relações de confiança estabelecidas e de uma cultura de empoderamento, onde o líder ascendente transfere conhecimentos e empresta sua credibilidade para que novos líderes despontem.

Antes de transferir qualquer responsabilidade, é preciso investir tempo e até dinheiro na formação de um substituto competente. Se ele vier a falhar nas primeiras vezes, é você quem deve assumir as consequências por não ter feito um bom trabalho.

A delegação de poder só é possível entre pessoas que mantêm uma relação ganha-ganha, quando ambos se beneficiam pelo mesmo movimento. Mais do que isso, um líder só delega poder a outras pessoas quando está seguro de suas capacidades e com o ego bem controlado.

Você é Top e deve agir como tal. Não tenha medo de formar líderes melhores, porque isso representa maior segurança para o seu negócio. Seja íntegro, solidário e companheiro e, desta forma, sua liderança jamais será questionada.

Quando um novo Top surgir na sua organização, repita o mesmo processo e assim por diante, até formar algumas gerações de líderes melhores que você. Delegue poder ao maior número de pessoas que puder, completando este ciclo de sucesso.

Sua recompensa será muito generosa, seja na forma de bônus, gratidão, reconhecimento ou segurança.

Equilíbrio e volume

Você precisa desenvolver novos Tops na organização para conquistar a tão sonhada liberdade financeira. Além disso, deve observar o equilíbrio entre lateralidade e profundidade para aumentar os bônus e fortalecer suas bases.

Esses cuidados são necessários, porque nem toda distribuição Top é igual. Existem equipes mais consistentes e produtivas do que outras. O segredo está em saber estruturar o seu grupo da melhor maneira possível, para não correr o risco de perder o que já construiu e aproveitar melhor as bonificações que a empresa proporciona.

É provável que você tenha alcançado esta condição de Top com uma ramificação mais desenvolvida do que as outras. É o que chamamos de raiz principal, que pode concentrar cerca de 50% a 70% do seu volume. Isso costuma acontecer com a maioria dos Tops recém promovidos, pois aumenta o foco do trabalho das lideranças e acelera as qualificações.

Não é muito seguro e vantajoso manter sua organização "magra", sustentada sobre um único pilar.

Além de ter a liderança ofuscada pelo primeiro Top descendente, os ganhos tendem a ser muito menores do que o plano da empresa proporciona (a maioria dos programas remunera melhor à medida que aumenta o volume em lateralidade).

A companhia quer que você amplie seus canais. Por isso, dedique um esforço extra para equilibrar a sua distribuição, desenvolvendo uma raiz de liderança em cada ramo. Forme pelo menos um Top de primeira geração em cada grupo, tomando cuidado para não dispersar demais o trabalho.

Se tiver muitas ramificações ligadas a você, construa uma por vez, lembrando que é mais produtivo concentrar a energia em um único ponto do que tentar fazer tudo ao mesmo tempo.

Isto não significa desestimular o crescimento da raiz principal. Muito pelo contrário! Quanto mais a sua organização crescer, em todas as direções, melhor será para você. A questão é definir em qual ponto da distribuição deve concentrar mais energia, participando de eventos, prestando um acompanhamento próximo, etc.

Lembre-se de que você é um só e não consegue fazer tudo ao mesmo tempo. Esteja onde for melhor para o seu negócio.

Se não planejar o que for melhor para a sua distribuição, ninguém o fará por você.

Trabalhe no fundo das raízes B, C, D...

Não perca mais tempo ajudando quem já tem experiência. Deixe que os líderes já desenvolvidos na raiz principal assumam um pouco mais de responsabilidades e gerencie remotamente seus progressos. Em vez de viajar para uma cidade com o objetivo de apoiar alguém da raiz principal, dê preferência para um outro Distribuidor localizado em uma posição mais estratégica e que precisa do seu reforço.

A partir de agora, você só deve apoiar a raiz principal por meio dos eventos ou quando der sinais de que está regredindo. Caso contrário, trabalhe no fundo das raízes B, C, D, e assim por diante.

Quanto mais organizações profundas estiverem ligadas a você, mais segura é a sua qualificação. Quanto mais líderes bem-sucedidos em lateralidade, maior é o seu volume de negócios.

Procure ter Tops em todas as organizações, aumentando a sua segurança. Desta maneira, a raiz principal deve diminuir um pouco o ritmo de crescimento, enquanto as outras ramificações trabalhadas por você vão aumentar a participação nos resultados.

O ideal é que, no futuro, cada organização represente, no máximo, 40% dos seus bônus. Aí sim, você estará seguro!

Visão corporativa

Ao mesmo tempo em que consolida a sua posição como Top, e apesar de ser independente, é recomendável estreitar os laços com a direção da empresa e com as demais lideranças, alinhando o discurso e sua estratégia pessoal com o planejamento da companhia.

> Agora, você tem acesso a informações privilegiadas e pode enxergar o negócio sob um novo ângulo.

É interessante que o Top busque conhecimentos sobre legislação, administração e finanças para compreender as limitações da empresa e sugerir melhorias pertinentes. Além disso, deve reconhecer os demais Tops como aliados, e não mais como concorrentes diretos, porque o sucesso da companhia depende do trabalho coletivo. Afinal, quanto maior e melhor for a empresa, mais seguro você vai estar. É isso que perpetua seus resultados.

Influência e participação

Como Top, você poderá participar de algumas decisões vitais para o rumo da companhia. Será um dos primeiros a saber sobre lançamentos, melhorias no plano de compensação, promoções de incentivo e abertura de novos mercados, bem como será informado sobre qualquer problema que venha a afetar a continuidade do negócio. Além disso, poderá atuar como guardião da ética e dos bons costumes, prezando pela imagem institucional do negócio.

De qualquer modo, a sua participação será proporcional à influência que tem dentro da empresa.

> Quanto maior for o volume de negócios movimentado na sua organização, e quanto mais respeitado você for pelas demais lideranças, mais peso terá a sua opinião.

Alguns Tops tornam-se estudiosos do mercado e participam da gestão do negócio, porque entendem que essa é uma forma inteligente de cuidarem do próprio futuro. Outros preferem se aposentar e curtir a vida, sem se preocupar com mais nada, porque confiam plenamente nos executivos da companhia.

E você? O que pretende fazer da sua liderança?

O legado

Ao realizar de forma inteligente o que foi exposto até aqui, você construiu muito mais do que uma distribuição de base domiciliar, ilimitada e milionária. Sua imagem de liderança está consolidada, assim como a segurança da organização.

Você ajudou a formar pelo menos duas gerações de Tops em cada grupo ligado a você para estabilizar sua posição e promover sua imagem de liderança de forma consistente. Além disso, conquistou o seu espaço dentro da companhia, tornando-se um conselheiro respeitado pelos administradores, bem como pelos demais líderes da empresa e do mercado.

Parabéns! Seja qual for o seu destino, você está livre. Mais do que dinheiro, você conquistou a tão sonhada liberdade financeira e pode desfrutar de um estilo de vida reservado para poucos.

Agora, a sua obrigação limita-se a participar de alguns poucos eventos por ano, em lugares maravilhosos e na companhia dos familiares. Nesses encontros, terá o prazer de rever muitos amigos e conhecer outros tantos que o admiram, pela história e pelo legado que você deixou.

A sua participação direta será dispensável, mas suas ideias continuarão presentes, inspirando as novas gerações. Isso acontece porque você fez algo de valor, Multiplicando Bem-Estar.

Se você acabou de tomar a decisão de desenvolver sua própria distribuição de base domiciliar, ilimitada e milionária, sugiro que procure a pessoa que indicou este livro e participe de um evento em sua companhia.

Ela está pronta para esclarecer todas as suas dúvidas e te colocar em ação, da melhor forma possível!

Sucesso!!!

Notas

1. "Tudo sobre a grande crise das pirâmides financeiras no Brasil", Chance Network, 12/07/2018, www.chance.com.br/vdm/crise-das-piramides/.

2. "Referências Sobre Legalidade e Orientações Para a Sustentabilidade da Venda Direta Multinível", Chance Network, 15/07/2018, www.chance.com.br/vdm/legalidade/.

3. NAISBITT, John. Megatendências: As dez grandes transformações ocorrendo na sociedade moderna, São Paulo: Círculo do Livro, 1982. Tradução de: Megatrends: Ten new directions transforming our lives, 1982.

4. BUAIZ, Sergio. "Saia da Sombra", Chance Network, 20/03/2001, www.chance.com.br/artigos/saia-da-sombra/.

5. PILZER, Paul Zane. The Wellness Revolution: How to make a fortune in the next trillion dollar industry. John Wiley & Sons, Inc. 2002.

6. "Global Direct Selling - 2021 Retail Sales", World Federation of Direct Selling Associations (WFDSA), 23/06/2022, wfdsa.org/wp-content/uploads/2022/06/Sales-Seller-Report-2021.pdf.

7. "Dados do Brasil e Mundo, notícias e artigos", Associação Brasileira de Empresas de Vendas Diretas (ABEVD), 14/09/2022, www.abevd.org.br/dados-e-informacoes/.

8. GAGE, Randy. How To Built A Multi-Level Money Machine, GR&DI Publications, 1998. p. XV.

9. BUAIZ, Sergio. "Pai-Líder", Chance Network, 14/11/2002, www.chance.com.br/artigos/pai-lider/.

10. FOGG, John Milton. O melhor profissional de Network Marketing do mundo, Rio de Janeiro: Record, 1998. Tradução de: The Greatest Networker in the World, Upline Press, MLM Publishing, Inc. 1992.

11. KALENCH, John. Being the Best You Can Be in MLM, Millionaires in Motion, 1994.

12. GAGE, Randy. How To Built A Multi-Level Money Machine, GR&DI Publications, 1998.

Outras publicações Instituto Life Coaching

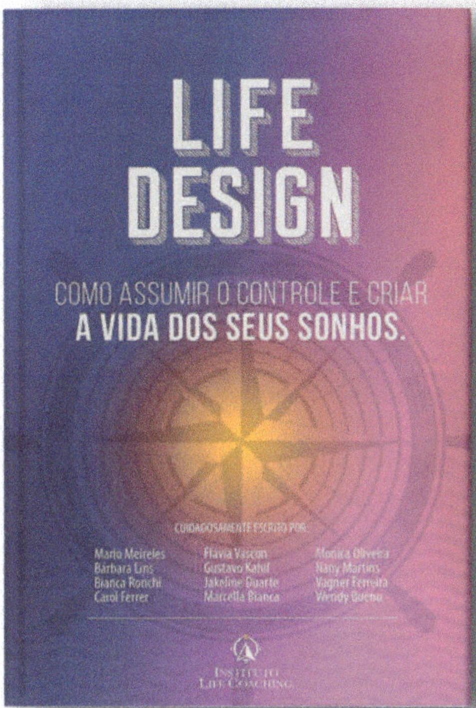

FIQUE POR DENTRO DO UNIVERSO ILC

TÍTULO: LIFE DESIGN – Como assumir o controle e criar a vida dos seus sonhos. (2019)

TEMA: Coaching Pessoal, PNL, Psicologia, Ansiedade.

SINOPSE: O Livro LifeDesign é a manifestação de um sonho!

Imagine se conectar, e conversar, com 12 especialistas em áreas importantes da vida. Pessoas que vivem e dedicam suas vidas à ajudar outras pessoas, profi ssionais e até empresas, a terem resultados excepcionais em cada uma dessas áreas.

Apoiado na roda da vida, ferramenta que serve de base para todo processo de Coaching, o leitor poderá avaliar o seu momento atual, encontrar as áreas que precisam de atenção e, com o apoio do especialista daquela área, encontrar estratégias, exercícios e atividades que o fará alcançar o estado desejado para suas áreas mais desafiadoras, além de elevar sinergicamente sua performance global.

FIQUE POR DENTRO DO UNIVERSO ILC

TÍTULO: Mini Manual de Óleos Essenciais: Como utilizar os 12 óleos e misturas mais poderosos e comuns

TEMA: Vida saudável e bem-estar, Medicina Alternativa Saúde e Família

SINOPSE: Este livro é uma produção do Instituto Life Coaching, visando ampliar o entendimento e conhecimento a respeito dos óleos essenciais e seus usos práticos.

Com a responsabilidade técnica de Fernanda Versiani, uma das maiores autoridades no tema óleos essenciais do país, este livro traz ao leitor um ensinamento inicial, porém relevante ao seu estudo no tema.

Por uma mudança essencial na vida das pessoas.

FIQUE POR DENTRO DO UNIVERSO ILC

TÍTULO: Despertar o Divino. Uma jornada de 31 dias

TEMA: Espiritualidade

SINOPSE: Imersão em uma jornada de autoconhecimento, com práticas de 31 dias, que vai te ajudar a descobrir caminhos para fazer a gestão de suas emoções e criar uma nova realidade.

Nesta existência imperfeita, os altos e baixos são inevitáveis, porém, com as ferramentas corretas, os momentos difíceis e os desafios tornam-se degraus que nos levam cada vez mais alto. E assim, transformamos o caos em oportunidades.

Esta é a sua caixinha de ferramentas da vida, com as quais você pode ajustar ou consertar suas emoções e sentimentos.